JN100824

子どもが輝く 対話のメカニズム

褒めるは学びの落とし穴

東京学芸大学附属世田谷小学校教諭
久保賢太郎

東洋館出版社

はじめに

「学校にいくのが苦痛です。教育実習のときはあんなに楽しかったのに。」

数年前、担当していたかつての教育実習生から届いた、一通のメッセージ。子どもたちから慕われ、彼らの気持ちや変化を感じる「機微」に富んだ、素敵な学生でした。もともと教員志望ではなかったこの学生。この教育実習を機に、心境に変化が生じたようで、現在は小学校教員として務めています。思えば実習中「楽しい、楽しい」とよく言っていました。「自分が成長すること、ワクワクする授業を考えることが楽しいんです」。

大きな希望と学び続ける意思をもって教員になったにもかかわらず、「苦痛でしかたがない」。一体、学校に、教師に、何が起きているんだろう。このままでいいのだろうか。この学生だけではなく、毎年たくさんの「元実習生」から、同様の連絡が届くたび、虚しさと憤りが込み上げてきます。

社会は、大きく変わろうとしています。いや、すでに変わっていると言ってもいいかもしれません。いつでも、どこでも情報が得られる時代になり、テーンエイジャーが描くキャリアプランは、わずか十年前のそれと大違いです。学校制度が生まれた頃に求められた社会とは、何もかもが異なっています。それなのに、学校はと言えば、旧態依然のまま。前倣え、右倣え。言うことを聞け、同じように動け。学校が「よし」としてきた生き方、考え方、未来の描き方は、とっくに通用しない時代になっているのに。

「これからの学校」「これからの教師」はどうあるべきなのか。どんな学びが求められていくのだろうか。冒頭の元教育実習生の嘆きをきっかけに、自分の十年間の実践・研究を振り返りながらながら考え、まとめたのがこの本です。学校の「当たり前」を疑い、「学び」とはなんのか、変容とはなんなのか、子どもたちが学習や活動に意味を見出したり、未来を描いたりするためにどうしたらいいのか。自分なりに書籍に学び、授業研究に学び、そして実践をしてきました。もちろん、その全てがうまくいったわけではありませんが、それも含めてセキララに書きました。

基礎的な理論、実際のエピソード。本編にはいろいろ書いていますが、ボクは決して「真似をしてほしい」「ボクのようにやればうまくいきますよ」ということを言いたいわけではありません。書かれていることは、一つのエッセンス、考える材料です。世の中、数多くのhow-to本が出回っていますが、「手法」だけを真似をしたところで、そこにビジョンがなければ、思いがなければ、残念ながら血肉にはならないのです。

むしろ、読者の方、一人一人が「こんなふうにしたい」「こんな集団にしたい」

「こんな未来にしたい」と願い、描き、それに向かって「必要な情報を得て」「自分の頭で考え」「試行錯誤」しながら、あなたと子どもたちの「世界」を作り上げていくことができるんだ、先生って、そういう風にしてもいいんだ、と感じてもらう一つのきっかけになったらいいな。そんな風に思っています。「教育実習が楽しい」と言っていた、あの頃のように。そうして、全国各地に色とりどりの、オンリーワンの実践・クラスがたくさんたくさん生まれていくことが、ボクの願いです。この本でお示ししているのは、そのためのモデル、考える際の材料に過ぎません。

ボクは、「当たり前を疑う」「自分の頭で考える」「やる気スイッチくらい自分で押す」そして、「ありたい自分、ありたい未来を自分で描く」。こうしたことを学級作りのビジョンとして掲げてきました。この本を執筆するにあたって、そうやって一緒に過ごし、卒業していった子どもたちが、今、どんな未来を生きているのか知りたくなり、寄稿してもらいました。担任であったボク自身、彼らの本音に驚かされました。本書の中で、ところどころ登場するので、ぜひ、読んでみてください。

ボクの十二ヶ月を一緒に過ごした後、皆さんの中にどんなビジョンが描かれるのか。「自分もそんな風にしていいんだ」と勇気をもってくれるといいな。そんな皆さんの姿を、誰よりも楽しみにしています。

令和三年三月吉日　久保賢太郎

目次

第一章

うまくいくには〖アイ〗がいる

——これからの「学ぶ」を支える教育理論

褒めるは学びの落とし穴

いきなりですが「○○さん（あなた）ってさ、いつもおしゃれだよね」と言われたら、次回会うとき、何着ていきますか？　ボクはめちゃくちゃおしゃれします。何ならその時カジュアルな服だったら、少しフォーマルな感じにバリエーションをもたせるでしょう。若干背伸びしつつ、次会う時にどんなことを言われるか楽しみになる、単純な野郎です（笑）。

みなさんは、教師という仕事の醍醐味は、何を思い浮かびますか。「授業で知識を教え、子どもたちの成長を目の当たりにできること」、それはとても素敵なことです。でもそれだけでは不十分だと思っています。

ボクにとって教師という仕事の醍醐味は、「人と人の密接な付き合いの連続」にあると思っています。子どもたちはときに、もはや固定的になっている自分たち教師、大人にはない発想で、問題解決の提案をしたり、協力し合って物の見方を増やしたりしていっています。そういう瞬間、ボク自身も今までにない「新しい考え方」に触れられるという意味で、「自分は成長させてもらったな」と感じるのです。

子どもたちからいわゆる知識それ自体を教えてもらうことはほとんどないですが、人と人の付き合いだと思うと、ボク自身も視野が広がって成長できるんですね。例えば「戦争はどうして駄目なのか」ということを六年生社会科「第一次世界大戦」の単元で一緒に考えました（詳細は238頁）。グループに分かれて「日本の資源事情」や「アジア諸国の外交情勢」などについて資料を見ながらまとめていき、その考えを発表し合うと、「戦争はしかたなかったんじゃないのか」という意見がだんだん出てきます。じゃあ、戦争はどうやったら回避できるのだろうと、考えを出し合うと、「収奪行為」がきっかけで、それがなくなればいい。「じゃあ、SDGsって本当に大事だよね」。なるほど、本当にそうだ。

こうした学びの発展を目の当たりにしながら、自分自身が生活上で感じている疑問などに光明を差してくれる素敵な機会に恵まれた職業だな、と思う日々です。

子どもたちは人間の成熟度という視点で見ると、ルールにもあんまり従わないし、落ち着きのないときもあって、一見未成熟で、大人とは「対等」ではない存在とも考えられます。だけど、ある意味で、そうした子ども像は鏡となって、ボクにはね返ってきます。何をもって成熟しているというだろうか、仕事をもって自立しているから「立派な人間」なのだろうか。**子どもたちは、自分自身を見つめ直させてくれるトリガーになるのです。**上司の言いつけを守るから立派な大人？

個人的には、「人生生きてりゃそれだけで80点」だと思って生活も仕事もしています。

「自分を磨き続けたい」「好きなことをして生きていきたい」というのは立派です。だけど、「自分を磨き続けていないと駄目人間」「好きなこと以外で生計を立ててる私は人生の敗北者」ではないはずです。

皆さん、知らず知らずのうちに、自分に、子どもに課すハードル、高くしてませんか。そしてそうした「ストイックな勝者」の価値観を子どもたち全員にいつの間にか刷り込んでしまっていないでしょうか？

私の経験上ですが、そうした上昇志向に取りつかれた大人が周りにたくさんいると、子供たちは大人の目の前ではわざとらしく褒められる行為ばかりしはじめたり、同級生の「普通とは違う」行為を通報したりからかったりすることがあります。

「普通に座っていること」「話を聴いていること」「字を書いていること」、これらを当たり前のこととしてボクらは見過ごしてしまいがちです。けれどもそもそも完全に自分の意志と責任で学校に来ている子供はいません。こうした「当たり前」に見えることの中にも、彼らの「認めてもらいたい」「自分だってがんばっている」というメッセージが隠されているように思います。そうしたメッセージを受け止め、素直に認めてあげる。彼ら一人一人がもつ、やろうとしていること、がんばろうとしていることを、一人の人間として受け止め、言葉で返す。何も難しいことではない当たり前の人間関係と思います。

先生だって、仕事の中にも「授業研究は楽しいけれど、学級経営は面倒」など仕事への情熱にムラはありますし、楽しさを感じながら取り組んでいるときが一番力を発揮していると思います。先生誰もがいつでも「優等生」ではないですから。

もちろん、いたずらにみんなで決めたこと破ったり、自分のやりたいことのみを人に押し付けたりしている際は、指導が必要ですが、「普通はよい」なのです。

特に学級びらきのときなどは顕著ですが、そんな自分を認めて欲しい、という思いを多くの子どもたちは抱いているとボクは思います。それを、ある基準に達していなかったらダメ、そんな風に見られたら、誰だって安心できませんし、監視されているような気持ちになるはずです。まずは「あなた」という存在を認め、「そのままの姿」で教室に居ていいんだよ、というメッセージを表す。「褒める」には、そんな効果があると思います。これが、子どもたちと出会った1学期にまず意識的に行うことです。

では、そのあとはどうするか。いつまでも「褒め続ければいいのか」というと、そうではありません。「褒める」が続いてしまうと、だんだんと「慣れ」が生じてきます。しまいには「何？ご機嫌取りしているの？」ということにもなりかねません。彼らが認めてほしい、と考えていることは、人として認める。それは続けながらも、異なるアプローチが必要になります。

ところで、皆さんは教師になって子どもを怒ったことはありますか？ もちろんボクもあります。ただ、ボクはよほどのこと—命に関わる・人権に関わる・明らかに手を抜いている、など—以外は、怒りません。だって、どんなに期待している、と言われても、怒られて自分は頑張れるかというと言われたら、頑張れないですもん（笑）。実際、ほとんどの場合、子どもを怒ったとしても、「いじける」「やる気なくす」「愚痴る」「文句を言う」エネルギーが湧くだけで、課題解決や成長のための活力が出た例はほとんどありません。皆さんも、そうではないですか？

じゃあ、どうするか。怒るのではなく、「期待を示す」、つまり「こんなもんじゃ

声かけの仕組み

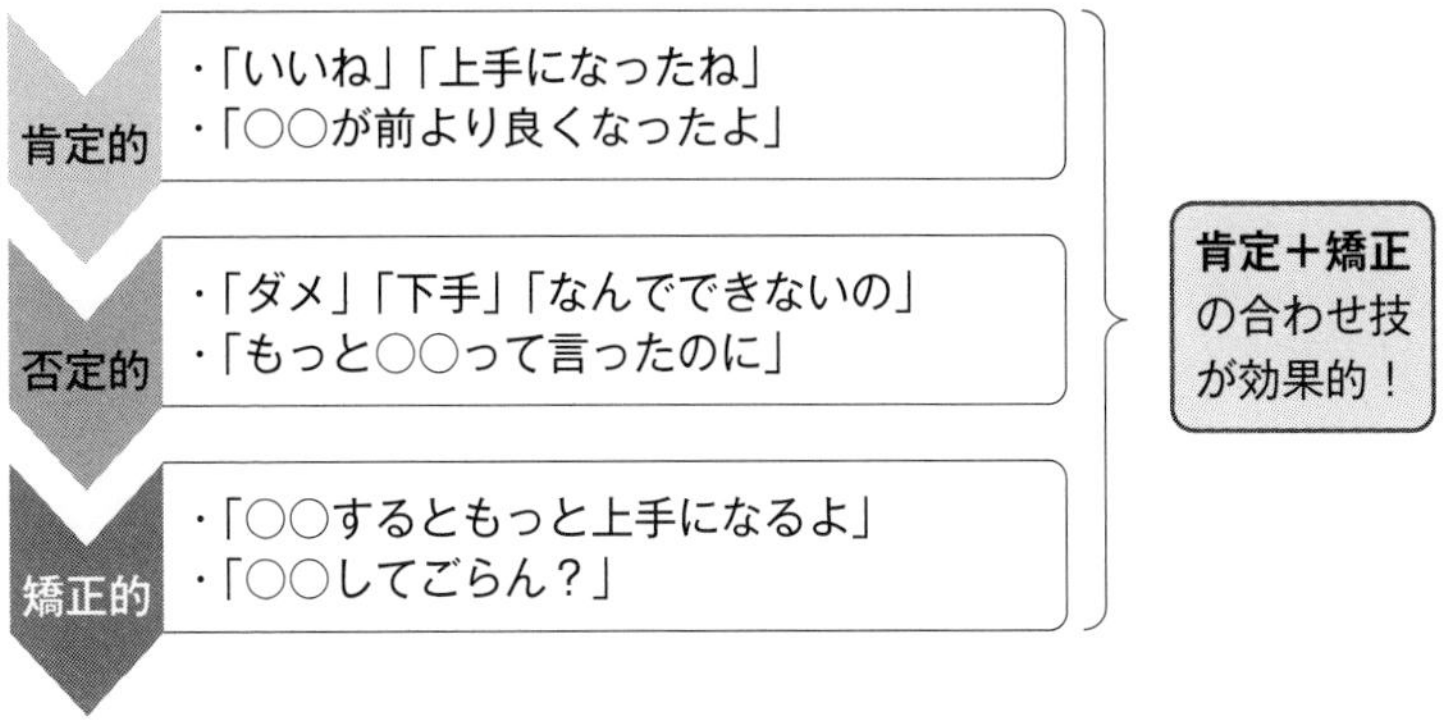

肯定的	・「いいね」「上手になったね」 ・「○○が前より良くなったよ」
否定的	・「ダメ」「下手」「なんでできないの」 ・「もっと○○って言ったのに」
矯正的	・「○○するともっと上手になるよ」 ・「○○してごらん？」

肯定＋矯正の合わせ技が効果的！

ないでしょ？」「え、これだけしかできないの？」、さらに「もっとできると思うよ」「こんなんじゃ情けなくない？」と声を掛けること。これが重要なのです。先に述べた、「あなたの存在を認めている」という大前提があった上で、「さらによくなるように期待をしている」という状況。これを作り出すことが肝要です。

そのために知っておいた方がいいのは、声掛けの3分類です。声かけには、大きく①肯定的な声かけ②否定的な声かけ③矯正的な声かけ、という三種類あると思っています。

冒頭の話に戻りますと「いつもおしゃれだよね」と言われたボクは、肯定的に声かけをされて喜び、自分から次回以降の行動を変容させるに至ります。さらに「こんな服も似合いそう」とアドバイスをしてもらえると（＝期待とともに「こうするといいよ」と矯正的声かけをしてもらえると）、「なるほどそうなのか！」とノリにのって、ファッション誌を読み漁ること請け合いです。一方で、「でも、原宿系はチャラそうでダサい」と否定的な声かけをされると、もはやポジティブな気持ちは生まれません。このように、人に変化を望んでいる場合の声かけでは、「肯定的声かけ＋矯正的声かけ」の合わせ技、つまり、「もっとよくなるという期待を示しつつそのための具体的方策を伝える」が最も効果的だと思います。

そう、これが、「褒めるは学びの落とし穴」です。

ただし、気をつけなければならないことがあります。それは、褒める＝期待＝「次もその行動、頼むね！」というメッセージにもなる、ということです。例えば、「いつも机きれいにしておいてくれて、助かるよ」と言われたとしましょう。そう言われたら、「次の日、机が汚いわけにはいかない」と言うふうに思いませんか？つまり、「褒めすぎ」は、「褒められないとやらない」子どもにしてしまう可能性があると同時に、「次もそうしないといけない」というプレッシャーになる場合があるんです。ですから、「承認欲求が満たされている（＝自分は自分であっていいんだ、と思えている。自分で自分のために努力することに喜びを感じられている）」場合は、必要以上に褒める必要はなく、むしろ「認めつつ、ハードルをあげる」ことが必要になります。

ボクが育てたいのは、褒められないと頑張れない子どもではありません。むしろ、「もう少しで乗り越えられそうな課題」を置いて、成長の継続できる、「自分もチャレンジできるんだ」という思いを持てるようにすることが何よりも大切だと考えています。

だから、まずは「褒めて『アナタ』の存在を認める」

次に、「褒めつつ期待を示す」

さらに「期待を示しつつ具体的方策を伝える」

そして最後には「自分でがんばってみてごらん」と背中を押す。

こうした順序で、子どもたちを支えていくのです。

さらに付け加えるとこうした肯定的な声かけや自己肯定感の高まりは、子どもたちの学習改善にもつながります。アメリカの教育心理学者ジョン・ケラーの研究で、学習意欲が引き出されているモデル図として「ARCSモデル」が紹介されています。ARCSとは図に示したキーワードの頭文字です。子どもたちに学習における動機付けとその成果についての研究調査をした結果、この四つが学習にまつわる意欲と成果の関係に影響を及ぼすという研究です。

学習意欲を引き出す—ARCS—（ケラー、1987）

A=Attention 注意	・何かありそうだと面白がれている
R=Relevance 関連性	・やりがいがありそうだと思えている
C=Confidence 自信	・自分でしている実感がある
S=Satisfaction 満足感	・やってよかったと思えている

やらされたことをやるときの成果や定着と、やりがいや自己肯定感をもっている場合で、学習成果は変わるということです。

一方でこのARCSモデルの示唆的なところは、意欲が高すぎても学習成果は下がる、というところです。つまり、「褒められすぎても成果はでない」「ニンジンをぶら下げすぎても効果は出ない」ということです。逆に効果が出る場合というのは、「できるかどうか半々な場合」や「やってみたいけど、できるかな」と期待と不安が同居しているような状態だ、ということです。授業論レベルでは、そうした問いや学習環境をつくっていくことが肝要になります。ただ、それよりもなによりも重要なことは、そうした状況において、「やる気ス

学習意欲と学習成果の関係

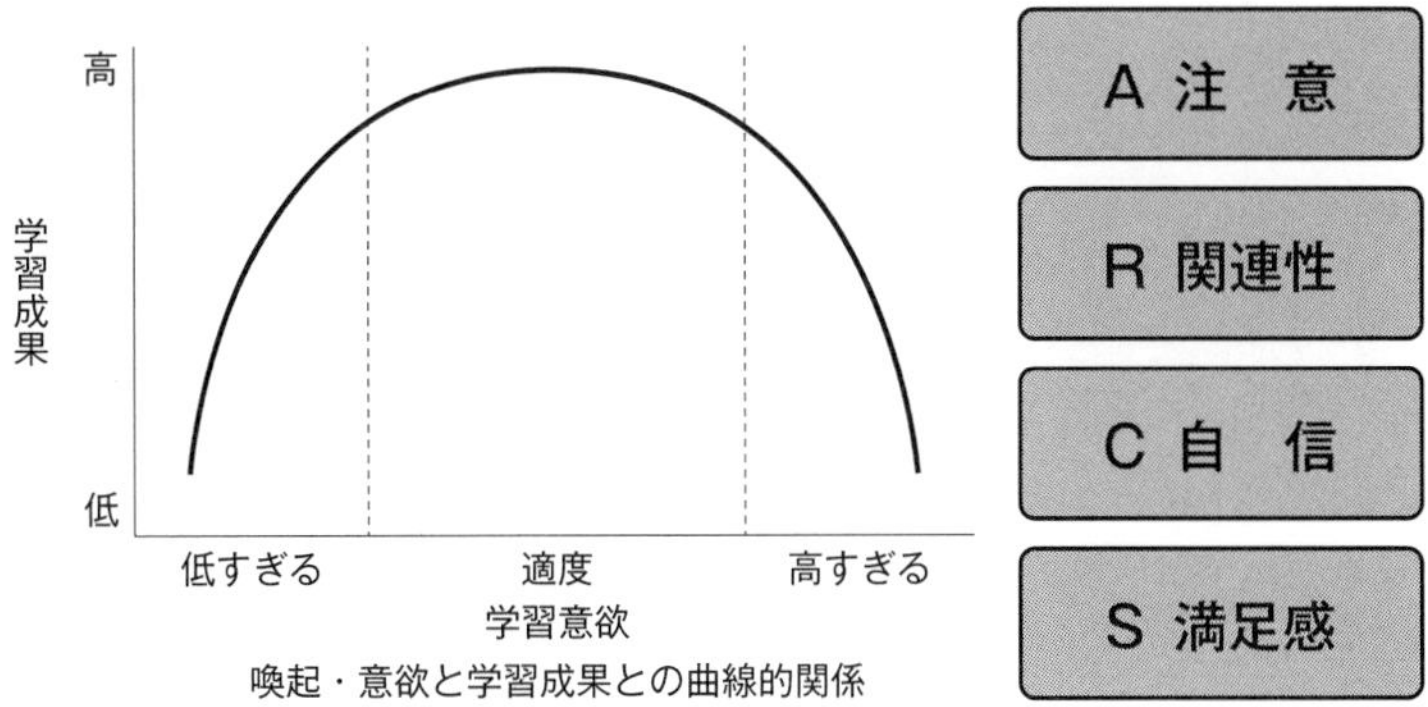

喚起・意欲と学習成果との曲線的関係

イッチを自分で押そう」と思える子どもたちにしたい、ということです。

ボクは、「モチベーション」と言う言葉が大嫌いです。人様のモチベーションを他人がなんとかしてあげよう、という発想自体、上から目線も甚だしいと思いませんか？ボクらができることは、モチベーションをあげることではありません。「自分のやる気スイッチ、自分も押していいんだな」そう思わせてあげられる「いい兄貴分」でいることです。その結果、自分で頑張った成果や成長実感は、ボクのおかげなんかじゃなく、彼らが一歩踏み出したから得られたものであるはずです。ボクらの仕事は、誰しももっている「やる気スイッチ」を自分で押す。自分で壁を乗り越える。そのお手伝いをすることが、「褒める」ことで可能になると思っています。

もっている力を発揮させるために

承認

賞賛

モデルにする（○○さんみたいにしてみよう）

挑発（これしかできないの？　こんなもんじゃないでしょ。）

矯正

願いを持たせる

→「できそうだ」「乗り越えたらいいことがありそうだ」とセット

仲間とならできる

先ほどのファッション褒められ案件の続き、では「痩せてモテたい」と思ったボクは、まず3か月で10キロやせようと思いました。しかし具体的な行動と言えば……走る？　そんな時間は今取れない。食事制限？　とはいえ、食べなければ生きられない……

さて、声かけが上手くいって、子どもたちが自分のなりたい未来を考え、向かっていくとき、絶対に発生するのが「壁にぶち当たる」ことです。

上手な絵を描きたいと美術館に行くと、あまりに素敵な絵だと「こんな絵、どうやって描けるのだろう」と打ちひしがれてしまいます。ここで、よく習う指導技術として「スモールステップ」がありますね。もちろん大事ですが、そのスモールの階段が、教師が勝手に目標地点を決めて逆算していくような機械的な道筋だとするとちょっと違うよな、と感じます。未来への期待が不可欠だと思うのです。教科書の問題に答えられるようにするためにスモールステップを設定することではなく、目標に向かっていくための階段を子どもたちが踏みしめている実感を絶対に忘れてはいけないと思います。

例えば、「失敗すると居残りになるから、跳び箱6段とべるように4段からがんばる」というのと「この前クボケンが見せてくれた、『前方屈腕倒立回転跳び』がしたいんだけど、どうしたらいいかな」「まずは、跳び箱4段を綺麗に飛べるようになろうね」とどちらの流れで、4段を跳ぶ練習をする方がよいでしょうか。

大事なのは、6段を跳べることではなく、なぜ跳びたいのかを一緒に考えること。これが定まっていれば、試行錯誤におけるイメージや熱意が変わります。そして、なによりここが個性の分かれ目ですよね。「この子はかっこいいパフォーマンスがしたいのか」「ああ、身のこなしをよくして、けがしないように習得しようとしているのか」。

こうしてみんなの意識がそろったタイミングで全員が6段跳べるようになる指導が必要になります。それぞれがビジョンをもって、自分の目指す姿に向かっていくことこそ応援したいし、その経験が将来につながる経験になると思っています。なにより子どもたちが社会に出て今後6段の高さの何かを物理的に手をついて跳ぶことはありませんから。

難易度の高く、かっこいい技も、高く飛べることもすごい。でも、低い段を綺麗に跳べることのすごさもみんなで認められる学級が誰にとっても快いし、様々なことに挑戦したくなる風土ができると思います。

さて、ボクの問題に戻ります。モテるために痩せる。痩せるために何をするか。ボクはそこで、ゴールポストを「太らない」という努力をすることにしました。そして、数値目標ではなく、「今日からノンアルコールビールにしよう」と決心しました。

なぜかというとゴールを「太らない」にしたとき、「そもそも人はなぜ太るのか」というメカニズムに目が向きました。そこで「アルコールを摂取すると、その分解に時間がかかるので、食べた物の代謝が後回しになり、余剰分になる」ということを知ったのです。

衝撃でした。だったら仕事終わりの一杯、たまにある飲み会の数杯をノンアルにするだけで、痩せるやん！　モテる未来への期待がハンパねえ、なんて。

九九を覚える、漢字を覚える、それら一つ一つはバラバラのように見えて、何をしたいかというビジョン、そのゴールポスト、そこから期待される未来まで、子どもたち自身がこれから行う活動を串刺しにしてあげられるような、目の前の課題に取り組む環境を作ってあげたいと思います。

さて、明確なビジョンをもってやる気になった子どもたち。壁にぶつかってもちょっとやそっとじゃ折れません。ただ、ボクもそうですが、誘惑に負けて努力を怠る（＝ビールを飲む）ことが、時間が経つにつれて発生しがちになります。もしくは、目標にもう少しで達成できそうなのに、できないとき。次の壁にぶち当たります。そしてそれはそもそもその課題が達成可能か、ということです。

跳び箱で言えば、4段と6段の差は、小学生用の小型の跳び箱で20センチあります。11歳の平均身長は男145・2、女146・6（文部科学省学校保健統計調査（令和元年度・確定値））ですから、この20センチは大きい。どんなに頑張っても跳べないときがあります。

ここで子どもがくじけてビジョン自体を放棄しないよう奮起するために覚えておきたいのが、**「最近接発達領域」**という概念です。

これはロシアの心理学者レフ・ヴィゴツキー氏が提唱しています。彼は子どもたちの中の「模倣の力」に着目しました。子どもたちは自分でできなくても、周りの

最近接発達領域（ZPD）

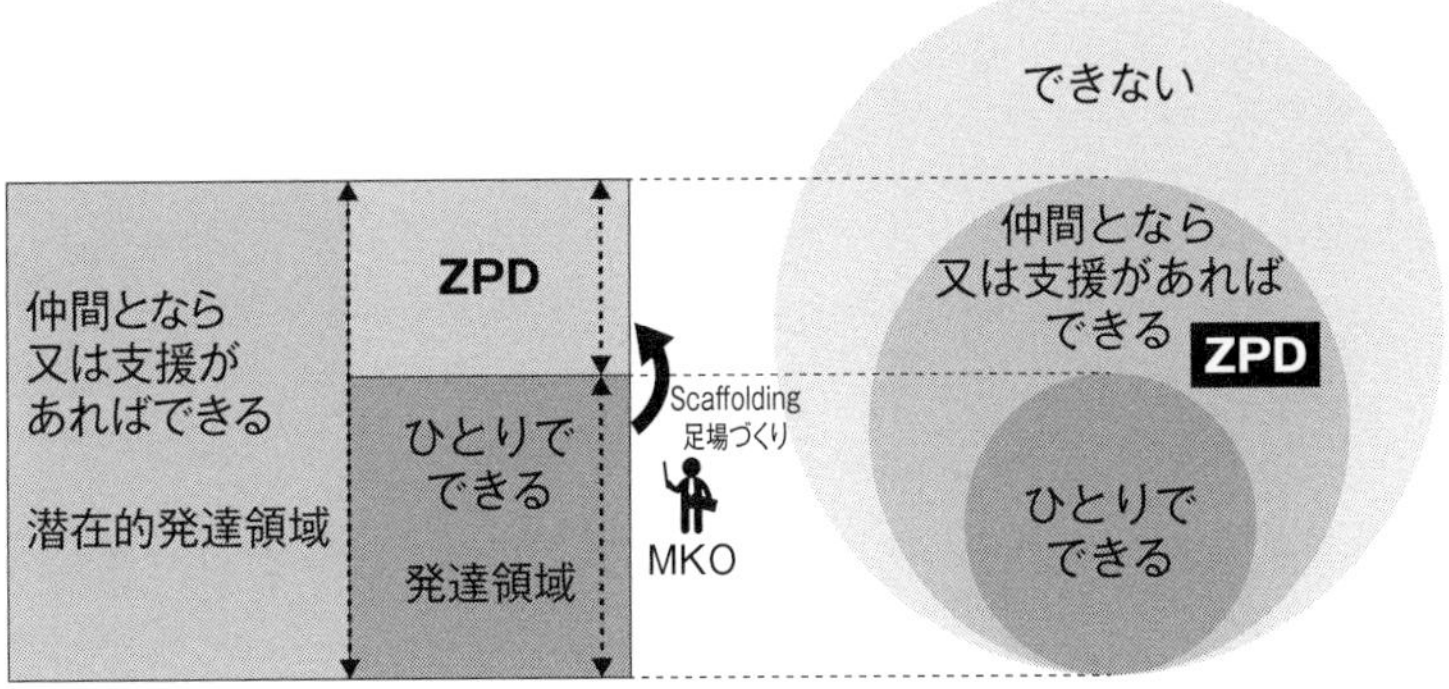

子どもや大人のやっていることを模倣することで、自分一人でやる以上の成果につなげることができるという考え方です。「自分一人でできる、もしくは大人の指導があればできること」と「仲間とならできる、もしくは、仲間の支援があればできること」は一致していません。つまり、図のように、**同じ課題でもグループでやってみると、自分のできることの範囲が広がって、成長のスピードが高まるということ**です。逆に言えば、自分の能力の可能性は自分一人で拡張するよりも仲間と励んだ方がよい場合もあるということでしょう。

誰かと取り組むと限界（と思っていた予想を）突破することは、経験的にはおそらく首肯する人が多いのではないでしょうか。子どもたちに、その足場を作ってあげる、この「最近接発達領域」に子どもたちがいつの間にか踏み込んでいる学習環境をデザインすることが、今後の教師の役割の中で重要な地位を占めることになると思います。

「ひとりではできないけどできること」に挑戦し続けて、一人でできる領域を増やしていくことができること。これは小学校に来て学習するということの強みの一つだと思います。

ファッションを褒められ、やる気になった、そこで、ノンアルコールにしたが体重の低下が止まってしまった。友達に話すと「俺も付き合うよ」居酒屋にはいかず、VRゴーグルを使ったダンスをする日々を始めました。別の楽しみ、別のアプローチも、きっと周りの意見から出てくることがありますね。しかも酒飲まず身体を動していたら、よりもてるじゃないか……!?

「クボケン、怖っ」

子どもには、イマイチでしたが、子どもたちの前で見せる先生という像を広げる特技が一つ増えました。

本質はいつも目には見えない

痩せるためのステップを踏み始め、気になるあの子に再接近ですが、ふとした瞬間、僕には見せない笑顔を、別の友達に向けているのを確認した時、次の課題を目の当たりにします。「僕はあの人の何を知っているのだろうか……」

同じことは学校の子どもとの関係でも言えますね。こちらでは、教師と児童というアンバランスな関係によって、より相手理解が難しくなる傾向にあると考えます。相手との同じ経験をしていくことの重要さについて再考したいと思います。

ボクは教師というか人間から「見える世界」に興味があります。この件で令和2年度に修士論文を受理していただきました。その中から紹介させていただきたいと思います。

例えば、知人と一定の距離を歩いて、「一番印象に残ったものは?」と聞かれると、違うものの場合が多いと思います。何かを「見る」という行為には、自分の過去の経験やその過程で形づくられた思考、好みなどが——難しく言うと、その人の「身体」が大きく関わっていているという学説です。いや、関わっているどころか、「身体」によって「見る」ことの意味が決められている、とすら言うことができると思います。

わかりやすい例を挙げます。ボクはいま茶髪ですが、この頭で渋谷のスクランブル交差点を歩いていたとしても、おそらく誰もボクの頭に目を向けないでしょう。向けるとしたら、「イケてるな」とか「似合ってないな」とか、ファッションの意味で目を向け解釈することがほとんどだと思います。一方で、研究会や学会などに行ったとしましょう。すると、多くの人がボクの頭を、「怪訝そうな顔で」見ます。その顔には、「どうしてこの人、茶髪なんだ?」「先生なのに茶髪でいいのか?」と書いてあるようです。これは、まさに先ほどいった、その人の「身体」の違いが如実に表れているように思います。つまり、渋谷では咎められないことが、研究会では咎められる。「普通、そういうことしないでしょ」という「身体」でもってボクを「見る」。この際、実はその「見方」が正しいかどうか、ということは、不問である場合がほとんどです。端的に言えば、人は自分の見たいようにしか——自分が見出す意味に応じてしか――物事を見ない、ということです。

哲学者のメルロ＝ポンティは、こうした「一方通行の見ること」を批判します。そして、さらに踏み込んで、本来の「見ること」とは、「自分が何かを見るということは、私の世界の見え方を反映していることから、私自身を見ること」であると述べるのです。わかりやすく言えば、「物事がそう見える＝そのように捉える『ワタシ』とは一体なんなのだろう」を考えること。それが、「まなざし」であると言うわけですね。

さて、前置きが長くなりましたが、私は教育においても、いや、教育においてこそ、この「まなざし」が必須だと考えています。

ＡＩによる知識の教育の可能性は発展の一途をたどっています。子どもたちが画面上で問題を解き、それぞれの子どもに応じた問題を提案し続け、中には、ある一定数解いたところで、インベーダーゲームができて、子どもの意欲を保つ、のようなプログラムも導入されています。こうした時代において、単なる知識の定着以外の教育に強い力を注ぐべきです。

機械や、固定的な考え方をもつ大人が提示してくれない課題や、その解決に向けた意欲。そもそも娯楽ではない問題や目標に向かう強い意思や欲求を導き、育てること。実は、これからの時代において求められる力は、こういったものです。まさに、「学ぶ意味」を自ら見出し、「自らのビジョン」を描く。こうした力こそ、重要なのではないでしょうか。

こうした力を育んでいくために、子どもとはいえ、彼・彼女がもっている世界の見方を知ること、その見え方に教師の見え方を重ね合わせることが、非常に重要になっていくことは言うまでもありません。一方的に何かを教え、できるようにさせる時代は、もう終わりました。そうではなくて、子どもたちが何を描き、どうなりたいのか。どんなことに悩み、どうしたら解決できると思っているのか。まるで彼らの「目」になったかのように、世界を「見る」。そうした教師の「まなざし」は欠かせません。

子どもたちは教室を卒業していきますが、この教室の体験が生きた力になっているかどうかは、テストなどの目に見える結果、わかりやすい成功体験だけでなく、「自分で目標を決め、そこに向かってどんなチャレンジができたか」が重要です。そこをサポートする先生でありたい。

逆説的ですが、私が、これは駄目だ、と思う先生の所作や状況について紹介させてください。

・目は笑ってないのに「好きにやってごらんよ」と自由を与える
・まるで子どもが望んでいるかのように、自分の思い通りに何かをさせる

このような先生と子どもの関係にありがちなのは、

・先生がくると子どもが今している話をやめる
・表情がない
・つくり笑い、とってつけたような合いの手

こうした環境に子どもたちを置いてしまうと、彼らの肝心な力が失われます。それは何か。考える力です。というより、「考えることができなくなってしまう」のです。それは、なぜか。

このように興味のない素振りをしながら許可したり、自分のルールに従う子どもだけを褒め続けたりする教師と子どもの関係は「**ダブルバインド**」の状況にあると言います。ダブルバインドとは、メッセージとメタメッセージが違っている場合に、立場の低い側に生じる、困惑のような状況です。わかりやすく言えば、「**冷めた表情で優しい言葉をかける他者を前にしたときの困惑**」ですね。子どもが表情などから「あー先生怒ってんな」と思っている状況で「君は素晴らしい」と言われると、思っていることと言われていることが合致しません。

この際、子どもは「心理的不協和」と呼ばれる状態にあります。「褒められているのか、怒られているのか分からない」。このようになると常に相手の意図を忖度しようとしたり、自我の発現を自粛したりしてしまいます。この状況がもたらすこ

との大きく二つは「離反」か「洗脳」です。

もはや先生を相手にしなくなるか、知らぬ間に先生の無意識の規範に洗脳された子どもが出てきます。もちろん、先生の前だけで、です。そこで抑圧への不満が先生のいない場所で出てくるのです。校舎裏で……じゃなくても、例えば「担任が変わった瞬間に荒れる」とか。

よくある指導者と被指導者のねじれ現象として「カリスマ指導者」アレックス・ファーガソンの例から考えてみましょう。私はイングランドプロサッカーリーグが好きです。サッカー好きでなくても聞いたことがあるでしょう「マンチェスター・ユナイテッド」で27年間も監督を務め13度のリーグ優勝などたぐいまれなる成績を修めた比類ない名将です。

彼のスタイルはシンプルで、選手の自律性ではなく、決められたことを忠実にこなす規律の重視です。そのための権威の絶対性を好み、選手との軋轢がたびたび報じられるようになりました。もちろん、その揺るがないスタイルを信奉する選手も多く、華々しい成績にも結び付きました。一方で、自身が見出し育て上げた世界的プレーヤー、デビッド・ベッカムは、個性に花を咲かせた後、ファーガソンと対立します。選手の理想とすり合わせることを基本的にしないので、スタイルについて意見がぶつかると、ファーガソンはそのたびに意見のすり合わせではなく、その選手の放出を選びました。

さて、もう一人紹介したい名将は同時期にレアル・マドリードなどを率いていたジョゼ・モウリーニョです。監督就任時代は、50年優勝の無かったチェルシーを栄冠に導くなど、卓越した成績を残しました。自身の哲学と選手たちの個性をすり合わせた最適解をつくり、多彩な戦術を用いることが出来たからでした。サッカーにはフォーメーションがあるのですが、何パターンも併用し、選手起用も多岐にわたりました。中でも、歯に衣着せない暴言やときには暴力行為も辞さないイブラヒモビッチなど、悪童ともいわれる選手とも最高の関係を築いたとされています。

一方で、近年はそうした「成功体験へ拘泥」してしまい、結果的に選手を過去の素敵な姿にはめていくこともありました。

さて、個人の活動でなければ、会社でも学校でも階層構造があることが多いですね。その中で、意見がぶつかり合うというのは、自立した個性があり、これだと思う考え方があるからです。そして、ファーガソンのように絶対的な理想像を選手に求めるということは、身近なスポーツや、学校の先生にも十分にあり得る考え方です。

子どもがもし先生に必要以上の「権威」を認めているとき、「歯向かっても無駄だ」ということで、「自ずから教師が理想とする型にはまって行こうとする」。教師は「その指示通りに動く姿を評価する」「ほかの子もそれをマネする」というサイクルが始まってしまいます。

型にはまってきた子どもたちを「理想的だ」と手放しで喜んでいては、いつまでも自立した子どもを育てることはできない、むしろ与えられた正解に望んで飛び込んでいく姿勢を身に付けて卒業させてしまう。

これから先の時代は予測不可能、と叫ばれていますがその内情は、少子高齢化による人口バランスの崩壊によって揺らぐ終身雇用制や、人工知能の台頭による多数の職業の機械化などです。特に機械ができることが増えていく、つまり指示されたことをこなす機械にできることとの範囲が増えているということです。

「従順」な子どもたちは「自己表出」をする経験も訓練もしていません。不満を抱えないうちは組織が円滑に機能する場合もありますが、指導者にアジャストできない子どもたちはどんどん不満をため込んでいます。しかも、アジャストしている子は言われなきゃやれない。バレーボールも元日本代表の益子直美選手はインタビューで、プロ入りした後、今までのスパルタ練習のせいで「ここは考えて動いて、といわれても動けなかった。だって自分で考えたことはなかったから」と話しています。近年では減少傾向にありますが、とにかく言う通りにする能力の高い子を率いて大会などを突破するチームというのは、スポーツに限らずまだまだあると思います。

本来教育とは、「教え込む」のではなく「**自己表出を受け入れて、対立したらさらなるソリューションにつなげていく**」ことが求められるはずです。これからは「機械がライバル」になる子どもたちにとって自己をいかに見取れるかが、大事だと思います。

そこで大事なのは、自己表出できる土壌を共有していること。つまり、子どもと指導者がいかに「共通世界」を創出しているかが大事になってくると思います。

子どもたちには、主体的な意思決定をしてほしいものです。小学生であっても自分の生き方は自分で決めてほしい。「自分は自分でいていいんだな」という根源的な自己肯定感をもってほしい。

そして、その子どもの生き方を目の当たりにしたとき、指導者自身も経験世界が拡張して、一緒に成長できるフェーズがやってくるのです。

さて、冒頭、気に入られたい子がほかの場所で見せる意外な一面、でも逆に自分だって気に入られたい人の前では「よく見せようとしている」よな、と反省します。素ってなんだろう、素で常にいるべきなのか、むしろそれが自分の理想なのではないか、などいろいろと悶々としているのが、相手を思う姿だと思います。

教育的に「見ること」ということは、子どもの現在未来を同時に見ることだと考えます。つまり、一人の人間として目の前の子どもたちを「主観性をもった存在」と認識しつつ、「その主観性を『教育的に配慮して』留保したり、距離を置いたりして即断しない」見方ももつ必要があるということです。

例えば、「走るのがいつもより遅い」子がいたとして、「なんで遅いんだ、さぼっているのではないか」と指導者が思うかもしれません。でも子どもは「軽くねんざして走ると少し痛むけど、病院に行かず練習を休むのは怒られるから何とか練習に出よう」という世界にいる、というような例です。

「いつもと様子が違う」子がいたとして、「不機嫌であると認識した」という教師の主観を批判はせず、「本当に彼女は不機嫌なのか、なぜそうなったのか」などを考えたいです。

「見る」を、和英辞典で開くと「look」や「see」以外に「observe」という観察するが出てきます。この語源を調べると、ob（= in front of）+ servare（= to watch）を語源とし、「〜の前で注意して見る」ということ。語源が近い言葉には「preserve

（保存する）」「save（救う）」「regard（考察する）」「protect（保護する）」があります。「見取る」というときに、評価物や、表情だけでないその子の主観の可能性をどこまで見られるか、これが、共通世界を創出するために必要になってくる意識です。

ではどうするのか。ボクが心掛けていることは**「先生がみていない」だろうと思われる場面をつくり、そこで目を掛けること**です。

先述のように、本当に気を許す関係であっても、子どもからみたらボクはやはり先生。彼らが体現しようとしている人間性を見せるのは、先生が見ていない場所です。そう、**本質はいつも「目に見えない」**と思っています。

先日、やんちゃでぶっきらぼう、感じの悪い言葉遣いをする男子がいました。この文面を書きながら、ボクこそがすでに「ラベリング（レッテル貼り）」をしているなぁ、という自覚があるのですが、どちらかと言えば粗暴な子だと思っていました。

ただ、たまたま退勤時に、1年生に話しかけている彼を見かけました。「大丈夫？ころんじゃうよ」「学校どう？楽しい？」と教室では聞いたことのない優しい声色で話していたのです。

思い返してみると、彼は、あるときぼーっと立って手持無沙汰のボクを気遣って声を掛けてきたり、褒めたときちょっとだけ笑ったり、前述した範囲を超えていく姿をたくさん見せていました。ボクが「見ていたのに、見てなかった」ことを思い知らされました。

「ぶっきらぼう」なのは「自信の無さの表れ」かもしれない？「本来は誠実なのに、周りの空気に流されて演じている」かもしれない？ 彼の目指す姿って、もしかして今の姿じゃないのでは？

そう思うことが、指導者―被指導者ではない関係の第一歩だと思っています。

逆に、よく目につくけれども、気を付けたい子としては、

・あからさまに「気付かれたい」「かまってほしい」というアピールをする子

・指導者の目の前でいかにも「いいこと」アピールをする子（だいたいそういう子はやたら写真に写りたがります笑）

たちです。これは「ああ、こいつらかまってちゃんだな。分かった分かった」で済ませてはいけません。

おそらく根本的な「承認欲求」が満たされていないのです。何もしていない自分の存在が認められるという経験をしていない、と言い換えることができる場合もあるでしょう。原因は学校の交友だけでなく、最近の成績等の不振、さらには家族関係のこともあります。まずはそんなアピールをしなくても「十分に頑張っているか

ら、自分のペースでやりたいことを見付けて、やっていくこと」がいいことであるを伝えてあげるべきです。ここは「がんばってるね」と都度声をかけるなど「わかりやすい承認」で構いません。

その子の欲求がどういうところにいるのかについては、著名なマズローの欲求曲線などを当てはめながらしっかりとobserveする必要があります。自己実現の欲求の段階であれば、安易な評価は求めないでしょうが、生理的な欲求の場合は、何か生活の中で大きく不満がくすぶっている場合があります。より俯瞰的な視点で、その子を見るべきでしょう。

褒め方については、「褒めるは学びの落とし穴」で書かせていただきました。その前提には、しっかりと見ることがあるべきです。

ただ、ストーキングはだめですよ(笑)。

うまくいくには"I"がいる

いろいろアピールしても、気になるあの子との距離が一定程度以上には縮まりません。好きな人に振り向かれたいとしても、世間的に「好かれる真似」はできても、これ以上に進展するにはどうすればよいのだろう。

ここまで「褒める」ことの効果と注意について考えながら、どのように対話していくと子どもたちが主体的でやる気を持ち続けてくれる関わり方ができるか考えてきました。最初にARCSモデルを紹介しました。子どもに限らず、やりたい！と思えるようなレベルや環境の設定です。でも、これは初めの一歩で、相手は心をもった人間です。機械的に目標を設定するのなら、今ではAIの方が子どもへの課題の提案が上手な分野もあります。計算ドリルのアプリとかですね。

ボクが心掛けているのはそうした機械的な目標設定は最低限のものとすること。

やはり、双方が成長するような人間的な関わりが根幹にあってほしいのです。ボクは「褒めれば伸びる」「やり方を示せば伸びる」と思っていません。そこで心掛けていることは、常に「Ｉ」をもつことです。

……なんだか、うさんくさいラブソングの歌詞みたいですが、実はこのラブソングに大きなヒントが隠されています。教師と子どもの関係は対等ではありません。そのことによって、「教師→子ども」という一方通行な関係が生まれやすいだけではなく、教師自身も「教師」というイメージ通りに動かなきゃというロールプレイになってしまうも少なくないように思います。ただ、人間と人間の関わり合い、という風に考えならば、本来これは不自然なことです。それを避けよう、という提案です。

このような非対称な関係において、○○を教えないと、という意識になると、ついつい「あなたはこうしたほうがいい」「あなたのここをなおしたほうがいい」と言った具合に、**主語を「あいて」にしてしまいがち**です。しかし、残念ながら、そうした「上から目線」の物言いでは、相手には伝わりません。否、そのときは言われた通りに動くかもしれません。**しかしそれは、「表向きの行動が変わったように見える」だけ**です。特に考えることもなく「はいはい、言う通りにしたらいいんでしょ」と言った具合で、考えることもやめてしまうでしょう。皆さんだってそうじゃないですか？

「○○先生のこの発問がよくない」「○○先生の子どもたちの関わり方がよくない」

そう言われて、考える気、おきますか？　少なくともボクは起きません（笑）。

同じように子どもたちに対して、「君はこの問題をこう解く方がいい」「先輩たちはこうしてつよくなったぞ（だから君たちもそうしたほうがいい）」「この行為は絶対に悪だ（だから、あなたはやめるべきだ）」ではなく、「ボクはこう思うのだけど、どう思う？」というように、**主語を自分にして声をかけ、思考を促す**のです。もちろん、このときに「いや、ボクは先生が考えるようには思いません」という答えもアリです。というか、そういう答えが返ってきたらボクは嬉しいです（笑）。あ、自分で考えようとしているんだな、と思えるし、ボクの言いなりになるつもりはないんだな、と誇らしい気持ちにすらなります。

一方で、子どもたち自身が「わたしはこうします」と自分を主語にしていったことには、強い強制力が生まれます。人に言われたのではなく、自分でやると決めた。これは、大きな力です。こうやって自分を主語にして語り、行動したときの子どもたちの活力は目を見張るものがあります。そうした場合、ボクは、よほどのことではない限り、「わかった、まずはやってごらん」と挑戦を促します。だって、せっかく「自分でやる」と言ったことについて、四の五の言われたら、やりたくなくなります。少なくとも、「自分で考える」「自分でやろうと思う」という意思は減退していくと思うんです。そんなに「学びに向かう力・人間性」を減退に誘う声かけ、そぐわないですよね。

じゃあ、教師がやらせたいこと、経験させたいことを、子どもたち自身にも前向きに取り組んでもらうためにできること。それは、**「子どもたちが『それ、やってみたい！』という状況をつくりだすこと」**です。

教材開発・発問・導入、いろんな方法が必要です。教師が学ばせたいことを、子どもたち自身のやりたいことへ。教師と子どもの「I」を重ねることで、双方が一緒になって学びに向かうことができます。そのためにも、相手の見える世界への「まなざし」は欠かせません。なんと言えば、どう見せれば、どういうゲームにすれば、子どもたち自身が「おれ、これやってみたい」「おもしろそう」と思うか。これが、これからの教師の専門性ですし、**ボクが「教えるプロからCoordinator・Designerへ」の転換を叫ぶ理由です。**

さて、じゃあ、ボクが「あなた」を主語にして語りかけることはないのか。いや、そんなことはありません。ただし、それは、滅多なことでは使わない「伝家の宝刀」です。なぜならば、この「伝家の宝刀」を抜くときには、絶対に失敗が許されないからです。いったいそれは、どんなときか。

一つ目は、「相手のことを見抜く」ときです。例えば、親子関係に悩む女子児童がいるとします。どうも問題行動が多い。友達への口調も荒い。けど、二人で話しているときにはそんなことはない。何気ない場面では心優しい。けど、みんなの前では荒い……。そんなときには、何かのメッセージが隠されています。これは、前節でご説明したやり方で、いろんな「その子」を見ながら、仮説をたて、またその子を見て仮説を棄却し、また仮説を立て……その繰り返しの中で、「いったい、何がその子をそうさせるのか」、自分がその子になったつもりで考えていくのです。この事例の場合には、「母親との関係」がよくないことが、その原因であるように思われたのでした。

ある日、その子を呼び出します。

「先生には、あなたは荒い子じゃなくて、とても心優しい子に見えるし、そんなに我の強い子には見えない。そんなふうにさせる原因、人には言えない悩みがあるんじゃないの?」こう語りかけました。そして、

「あのさ、あなた、お母さんとうまくいっていないんじゃない?」と聞くと、みるみるうちに涙ぐみながら、こう言いました。

「どうしてわかったんですか…。」

「先生は誰にも言わないから、困っていることがあるなら、悩んでいることがあるなら話してごらん？」

こうして、彼女は自分の心を開いて打ち明けてくれました。そしてそれ以降、日記や何気ない会話の中で、自分の悩みや困りについて気軽に相談してきてくれるようになりました。それに付随して、その子から笑顔も増えて行ったのでした。この場合には、前節で示した「まなざし」を中心としながら、その子の困りの原因を突き止めようとしました。

肝心なことは、その**「表面に見える行動それ自体を指導しても意味がない」**ということ。問題の本質に迫らないと、変わらないのです。こうした、その子の内面に深く入っていく必要がある場合には、「あなた」を主語にして話しかけます。それがその子のためになるだろう、必要だろう、と言う確信と、十分な「裏付け」があった場合のみです。

そしてもう一つが「アファメーション」です。「アファメーション」とは、インターネットなどで検索をすると、多様な解釈／考え方が出てきて、自己啓発的な文脈が出てくることが多いですが、私は**「能力を引き出す肯定的宣言」**と認識しています。

例えば、「未来は変えられるぞ」「君は〇〇になれる」「〇〇したらこんなふうになれるから」「ここを変えるだけでできるようになる」など、未来の姿を引き出す、いわば「予言」のようなものです。このアファメーションを使うときも、「あなた」を主語にして話をしますが、これはボクが体育科教育を専門にしていることが大きいと思います。

例えば器械運動。**「両手を少し開いて逆立ちしてごらん？　ぐっと力がはいるから」「回るときにおへそをみてごらん？　気づいたら起き上がっているから」**など、技術指導に絡めてアファマティブな声かけをすることが多くありました。まあ、これは体育科教員の専門的力量と言ってもいいのですが、これを日常生活にも援用してみると、実に効果的だ、ということがわかったのです。第三者がこれを信じること、確信をもって伝えることが、変容のきっかけにつながります。

ただし、きれいごとだけでは無意味です。しかも、自分がそれを達成しなきゃ、と義務的に感じてしまうと、他者との関わりをないがしろにするなど、自分本位の成長の仕方になってしまいかねません。具体的に、何をしたら、どんな未来が待っているのか。そして、絶対に成功できる、変えられるという確信があるときに使うのが、このアファメーションです。

突き詰めていくと、子どもたちに、意味ある「体験」をさせてあげたいわけです。すぐれた体験とは、自己と世界とを分け隔てる境界が、溶解してしまう瞬間に生まれます。その瞬間、自分が生まれ変わったような感覚になる。

この体験を「さらに深く味わいたい」と思うときに、「うまくなる」が必要……まさにこのときに、「だったらこんな風にしてみたら?」「こんな方法があるよ?」「プロの動画ではこんな風に蹴っているみたいだよ」と、差し出すこと（サジェスチョンすること）が、指導者の役割と言えるでしょう。あくまでもベースには本人たちのビジョン、「わたしはこうしたいです」があって、そのために必要な情報や知識、考えを差し出してあげる。これが、これからの教師の役割ですね。

・その目標の「たのしみごと」「意味」
・その「たのしみごと」を自ら深めていく
・そのプロセスを支える「メンター（伴走者）」としての大人の存在
・「たのしみごと」に出会い、深められるような練習方法へと一新

「お仕事」ではなく「夢中になる体験」をともに味わいたい。義務・受け身ではなく「自ら味わいを求めていく」子どもになってほしい、と、ボク個人がどこまで深く思えるか。これを根底にずっともっていたいです。

ワタシにとっての感覚・意味

「私のタイプは誠実な人」。そりゃそうだよ！　と思いつつ、これだけではどういう誠実さが彼女の気を引くのか分からない……とにかくいろいろ試しながらブラッシュアップしていくしかありません。

そもそも「学習」、というと、どんなことを想像しますか？

何かができるようになること？　行動が変わること？　それとも……。

ここ数年、この学習観の転換が求められています。じゃあ、どんな転換かと言えば、簡単に言えば、「習得」「獲得」型学習から、「参加」「目標創出型」学習への転換です。

「獲得」型学習とは、読んで字のごとく、何かができるようになること。何かがわかるようになることと捉えられます。しかし、こうした学習によって身につくのは「頭の中での心的な表象の獲得」、わかりやすく言えば、教科書に書いてある内容の「トレース」です。残念ながら、こうした学力は、「別の場面、別の状況で転用しにくい」ことがわかってきています。よく言う、テストでは答えられるけど、と言うやつです。そしてこうした知識は、ほとんど日常生活の課題解決には役に立たないこともわかってきています。

そうではなくて、「仲間や道具が使える環境の中で、実際に適用すべき対象が目前のあるときに生きて働く過程」としての「知っていること」が重視されてきています。つまり、ここでいう「参加」とは、**「知識を使うべき状況に参加し、その中で実際に機能するメンバーになっていく過程」**こそが、知識が腑に落ちた理解になっていく過程である、という考え方をベースにしたものです。しかしながら、まだ残念ながら、「習得」「獲得」型の学習観を基にした実践が数多いのが現状です。

このことについて考える上で、ボクは教育学者の生田久美子氏らが提唱している、task～とachievement～という二つの知識・技能の違いに着目して考えてみています。

生田（2011）は、『技術』つまり『行為のテクニック』や『手続きの知識』を追うことができても、特定の状況の中で適切な判断に基づいた表出ができなければ、技能が獲得できたとは言えない」と述べています。つまり、何かが「できた」**「わかった」というのはあくまで「その行為が再現できる」ことを表しているにす**

Taskと Achievmentの関係概念図（生田、2011）

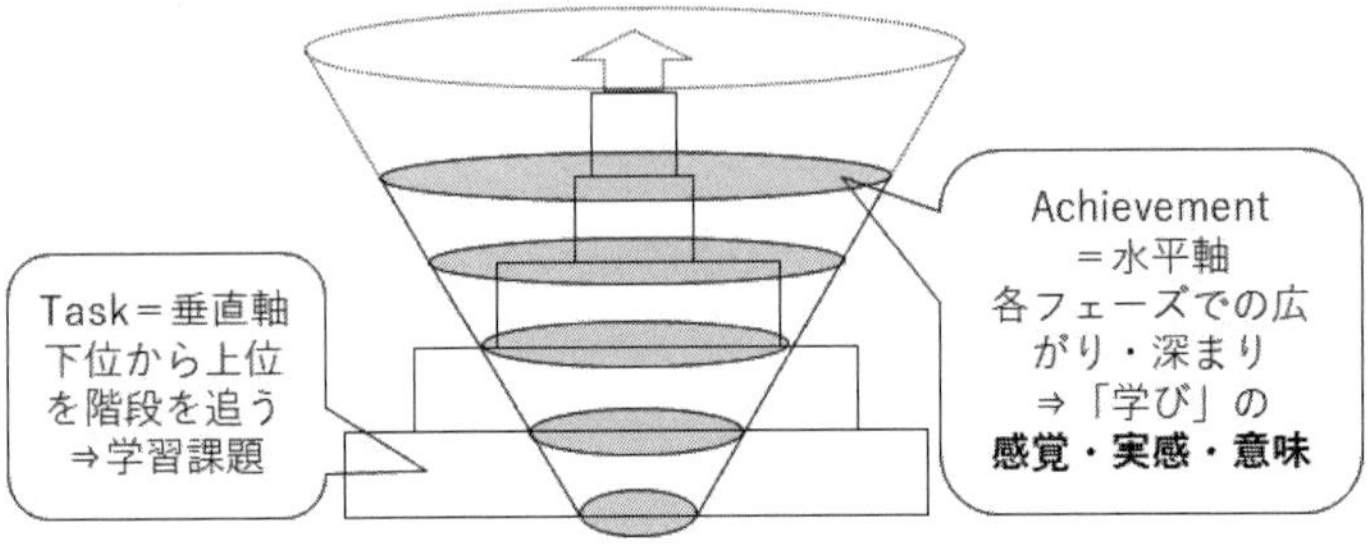

ぎない＝taskをこなしているにすぎないのであって、理解したり、技能になったりといったような、その子の内面に腑に落ちた状態に「到達する」こと＝achievementとは本質的に異なる、ということを主張するのです。

よくよく考えれば、これは当たり前のことです。何かをリピートできる、という行為それ自体は、理解でも技能でもないことは明白です。理解する、ということはもっと高次な、まるで自分の一部になってしまっているような状態＝achievementのことを言います。例えば、いま一生懸命締め切りに間に合わせようとタイピングをしていますが、「ここはaです」「ここはshiftです」なんていうことを考えなくても、どうしたら文章が打てるのか、もはや自分の一部になってしまっています。こうした事態になって初めて理解とか、技能とかいうのですね。

ここでいうtaskの学びが「習得」「獲得」型学習の産物であることは論を待ちません。こうした学習観から脱却し、学び手の主体的参加を通したachievement＝腑に落ちた理解へと誘わなければ、極限すれば、「学んだとはいわない」というわけなのです。

生田は、このtaskの学びについて「方法（やり方）の学び」（learning how to do）、achievementの学びを「状態の学び」（learning to be）と名づけ区分けしています。

繰り返しになりますが、これまでの授業観は、この「方法の学び」に終始していたように思います。もちろん、それも必要なことです。ですが、それで終わってしまっていては、情報がトレースされたマシンです。それらをどのように活用したり、それらの意味を問い直したり、自分たち自身でまた新たな方法を構築したり。そうした「プロセス」を経ながら、その方法は一層腑に落ちたものとして理解され、その子のachievementとなっていきます。

そのためには、活動への意欲と同時に、学習者自身が自分ごととして目標を創出することのできるような学習展開、持っている知識や技能を活用して問題解決に取り組むような学習環境、そして他者との相互作用によって問題解決しながら、一人一人が持っている知識や技能を活用しつつ、それらが更新されていくような設定が必要になってきます。この本でその全てをお伝えすることはできないかもしれませんが、第2章7月の「タッチハンドボール」の例で紹介いたします。概要は以下です。

Task1＝タッチハンドボールをやってみる
Achievement1＝一人で攻めて楽しかった
Task2＝プレイの原則を知る
Achievement2＝とりあえず走って、だめだったらキーパーに渡した方が、形をつくり直せるから、いいと思う。そのために、パスする間に相手を入れてはならない。
Task3＝攻めなおし
Achievement3＝やみくもに投げて取られることが多くて、無理せずキーパーに戻して作り直しができる。

といった形で課題の設定→新たな知識を体験的に獲得→課題の設定……という形で授業をつくっていくことです。

基本的にはこの形で、できることを拡張していくと、能力は定着するし、どんどん自ら新たな課題をつくり出せる。学びが止まらなくなるのですね。

それを最初に「一人で攻めるより効率的」とか「パスを出す先がなかったら無理せずキーパーに戻そう」とかを伝え続けても、頭では分かっていてもそれができることにはならないのです。

自分事してインプットとアウトプットを積み重ねていく。こうした持続可能なサイクルを教室で確立していきたいですね。

冒頭の気になるあの子の好み……誠実な人、Task1=約束に遅刻しない、Achievement1=そんなの当たり前という表情だった、Task2=約束に遅刻しないような原則を彼女と取り決める、Achievement2=うざがられて悲しかった……ってあれ？（笑）この適切な運用は常に流動していくので、目の前の相手と一緒に考えて取り組んでいくことが欠かせませんね。

また「学習」について考えたので、記憶についても補足したいと思います。記憶には、「短期記憶」「長期記憶」があります。

短期記憶は容量が小さく、ここに入った情報はすぐに忘れてしまいます。忘れないようにするためには何度も繰り返すことが必要です。「リハーサル」記憶と呼びます。

例えば「今日はこの3つをこなそう」と思って取り組んだことを一か月後に思い

出せるかというと思い出せませんし、すでにこなしているので思い出す必要はありませんね。「毎日この3つをこなそう」ということでしたら、繰り返しているうちに定着して、メモなどを見なくてもできるようになっていると思います。

一方、長期記憶は容量が大きいです。必要な時にすぐに「短期記憶」に移し、活用することができます。

この短期記憶は、項目7つ分くらいの少ない記憶しか対応していません。ここでいう1つというのは、情報のひと塊のことです。DOGは記号としては3つに分かれますが、単語としては1つですよね。DとOとGで犬を現わすDOGということが定着しましたら、DOGのことを覚えておこうと意識した状態は、短期記憶の容量を7つとすると、3つではなく1つ使用することになります。

例えば突然ですが課題です。以下の12個の数字を5秒で覚えて下さい！

「112358132134」

さて、隠してもらって再現できますか。

この12の数字をガムシャラに覚えようとすると難しいですよね。でも、これは実は単純な数列になっていて、前の二つの数字を足した数が次に表れているだけなのです。これが分かれば、12個の数字を覚えなくても再現できますよね。

こうした記憶の方法は「構造化」と呼ばれ、無理くり「リハーサル」で覚えなくても、対象の「構造」「仕組み」が分かれば、理解、再現できるということです。年号を覚えるときに語呂合わせしたことありますか？　あれは数字と出来事に構造を作って覚えやすくするやり方ですね。

そして、小学校で子どもたちが教わることはほとんど構造化できる知識です。「構造」や「仕組み」がわかるために「知識」が必要になります。例えば、先の数字の暗記でいくと、「数列」という知識がないと、覚えられません。

学ぶということは実践や記憶などさまざまな要素が内在しています。目の前の子ども、子どもたちがどこにつまずいているのか、なぜつまずいているのかを多角的に考えられるように常に「学び」それ自体の在り方に勉強していきたいところです。

みんなの個性が集まって、一枚の絵になる

そもそもなぜ傷つくかもしれない恋愛とか、友情とかを求めるのだろう。自分だけで、完全な存在なのでしょうか。

人は自分ひとりでも生きていける時代だと思います、家賃と生活費を稼ぐことができれば、そもそも関わり合う必要はないです。スマホ一つでご飯まで持ってきてくれるようになりましたから、インターネットで収入がある人は、極論家から出ずとも生きていけます。

もちろん、仕事を発生させる誰かに依存していますが、その誰かはその人を労働力として見て対価を払っているわけで、労働力の供給でしかつながっていませんから、代替は比較的容易に可能かもしれません。

今後もテクノロジーの進化が加速し、自分が動かずにも受けられるサービスが増えていくでしょう。VRの普及が進めば、飛行機で数時間かかる風景もどんどんリ

アルに感じられていきます。五感はもしかしたらリアルな体験を求めてはいないつくりなのかもしれませんね。

少し話が逸れますが、企業の協賛をうけ、本校の大澤俊介先生と一緒にVRで理科の授業をしたとき、子どもの知識の理解度にはかなりの差がありました。

まず、子どもたちはVRの世界で、「心臓」の中に入り込む映像体験をしました。授業後に「心臓のしくみ」「血液の流れ」「弁の機能」などについて、それぞれの部位がどういう役割を果たしているのか、どういうしくみで心臓が動いているか、その「意味が分かっている」回答ができていました。VRを見せたこと以外、「何も教えていない」のに！　子どもによっては教科書を使って一生懸命教えたとき以上の理解に、瞬間的に到達することができるのです。

少しでもリアルに近い体験をさせてあげたいという意味では、こうしたテクノロジーは積極的に使っていきたいと思う体験でした。

話を戻すと、人と人がつながるということは、単純作業をこなしていく、現状維持する上では特に不要になった便利な時代ですが、イノベーションや葛藤を超えていくソリューションを実現するためには、人と人の関わりが欠かせません。

何度も述べていますが、子どもたちはある意味で思考に制限がありません。「こうすると経費がかさむからできないな……」「これは上司の趣味に合わないから提案しにくいな」という発想における縛りはあまりないのです。第二章では、そうした子どもたちの閃きをたくさん書いていきたいと思っています。

その、子どもたちの力をさらに引き出すのが「知識構成型ジグソー法」です。元は、認知科学者の三宅なほみ氏が提案したものですが、ここでは東京大学が再構成した考え方を紹介したいと思います。

ステップ1　個人で問いへの「解」を書き留める
ステップ2　グループに分かれて解決に必要な知識の部品を担当し内容を確認する（エキスパート活動）
スキップ3　各部品担当者一人ずつからなる新グループで各資料の内容を交換、統合して各自の解をつくる（ジグソー活動）
ステップ4　グループの解をクラスで共有する（クロストーク活動）
ステップ5　個人で再度問いに解答し次の疑問を記す

この知識構成型ジグソー法という学習法の背景には、次の二つの重要な考え方があります。それは「建設的相互作用」と「目標創出型学習」という二つです。

「建設的相互作用」とは、同じ問いについて異なる視点をもつ他者同士が議論・検討することで、個人の社会的概念、前節でいうachievementに深まりが見られるということ。

そして「目標創出型学習」とは、ゴールのある学習・活動をこなして終了、という従来の「習得」型授業ではなく、問いがより高次なものとなりながら連続していくような学習感です。実は、人がよりよく思考したり、賢くなったりしていく過程というのは、終わりがありません。この原稿もそうです。書けば書くほど、もっといい書き方、表現があるのではないか、と自ら「目標創出」をして、人に聞いたり、類書を読んだりしながら（なんとか）完成に漕ぎ着けました。本来、学びとはそういうものですよね。この目標創出、という考え方は、「学びに向かう力・人間性」そのものです。そして、その過程で学ばれ「腑に落ちたもの」を、「生きて働く知識・技能」と呼ぶのだと僕は理解しています。この二つを意図的に組み込んだものが、「知識構成型ジグソー法」という学習法となります。

僕は、いつもいつもジグソー法で授業をしているわけではありません。ただ、「建設的相互作用」と「目標創出」を授業作りのキーワードとし、それが行われるように、単元を構想し、必要であればジグソーを活用する。そんなイメージですね。

ここで、重要なことは、目標創出型授業においては、知識や技能は、目標を創出したり、それを解決するための手段にすぎない、ということです。これまではこの手段をトレースすることがゴールでした。しかし、それはあまり効果がありません。子どもたちが主体的に学びを深めたい、という文脈において、試行錯誤する手段として、知識や技能があるのです。そして、この試行錯誤や相互作用を通して、知識や技能や一層腑に落ちたもの、つまり「自分の一部となったもの」＝achievementとして次の学習や次の目標に役立っていきます。

それぞれが変わらないジクソーピースで、それを以下につなげて絵にするか、ではなく、それぞれが可変的な部品をもっていて、それらをどんどんピース自身で広げていく。その子ども主体の活動の中で、先生は必要なときに知識や調べ方などを教えてあげればよいのだと思います。それが、デザイナーでありコーディネーターである教師の姿です。知識や調べ方を教えるだけのティーチャーの時代は、そろそろ終わらせていきたいと思っています。

第二章では、そんな考え方をもっていると子どもたちがどう絡んできてくれるか、どう面白い世界を創出しているか、それをお見せしたいと思っています。ぜひ、お楽しみに！

きのこへの道

弓削吏久

原稿執筆の連絡が入ってから、ふと昔の作文などを見返してみました。するとと不思議といろいろな思い出がよみがえってきました。僕にとって、クボケンと過ごした時間はかけがえのないものでした。

僕はもともとあまり活発ではありませんでした。それどころか、きのこに興味を持っていたりと少し変人でした。それをクボケンやクラスのみんなは否定せずに受け入れてくれました。たったそれだけなのに本当に嬉しくて、クラス全体がとてもあたたかい雰囲気でした。それからの日々は楽しくて仕方ありませんでした。自分たちで何かを計画し、自分たちでやり遂げる達成感。どんなことでも全力で「バカまじめ」で取り組む。そんな僕たちを程よい位置から全力でサポートしてくれました。

四年生の時、僕たちは藤の実フェスタでマット運動をやりました。藤の実フェスタとは学校全体でやる文化祭のようなものです。あまり運動ができるわけではない僕はどこか本気でやれないでいました。クボケンは、そんな僕がいるようなバラバラなクラスの気持ちをうまくまとめて背中を押してくれました。「僕が今ここにいてもいいんだ」と思えました。そのフェスタのことは僕の中で忘れられない思い出になっています。

クボケンは、どんなバカなことでもまじめに取り組めば、きちんと評価してくれました。クラスの取り組みで、はじめはあまり乗り気でなかった子もぐいぐい引き込まれて、しらけているような子はいませんでした。それもクボケン流の教育方針です。僕なりの「バカまじめ」として、卒業式ではクラスの目標にしていた「みんな将軍～みんなの力で世界をつくる～」にちなんで、当日に突然にちょんまげを付けましたが、褒められました。こんな環境でのびのび育った僕たちは幸せでした。

そんな中でも僕は卒業式の最後の授業がとても心に残っています。「今ここにない未来は自分で創る」これはいわばクボケンの座右の銘です。最後の授業ではこう言っていました。

「残念ながらみんなの未来はもうここにはありません。だけど、みんなの前には大きな可能性に満ちた未来が待っています。『先生、あの時もよかったけど、今もなかなか悪くないよ。』そうやって笑って言える頃に、また会いましょう。」

そして今、僕はそれに向かって進んでいます。中学校では、やりたかった「きのこの研究」に取り組んでいます。そのために進学先も決めて、可能性に満ちた未来へ進んでいます。

三年間、クボケンのもとで多くのことを学んできました。僕は、そんなクボケンに憧れていました。毎日持ち歩いていたきのこ図鑑。卒業式の前日にサインをしてもらってから、僕の宝物になりました。とてもたくさんのことを教えてくれた感謝の気持ちはここでは言い尽くせませんが、最後にこれだけ。「ありがとう。」

第二章

子どもたちが勝手に動き出す！

クボケン学級の365日

ゲスの極み乙女

突然ですが、「ゲスの極み乙女」っていうバンド、知っていますか?ボーカルは川谷絵音《かわたにえのん》、ベースは休日課長《きゅうじつかちょう》、キーボードはちゃんMARI、そしてドラムはほな・いこかという、とても個性的な(ネーミングも含めて)四人で構成されるバンドです。聞いたことがない読者の皆さん、ぜひ一度、騙されたと思って聞いてみてください。中毒性のあるサウンドに魅了されること請け合いです。

なぜこんな話を突然したかというと、ボクはこの、ゲスの極み乙女のようなクラスにしたいと思っているからなんです。「え?どういうこと」という疑問にお答えするには、ボクが説明するより、一度聞いてもらえたらよく分かります……完全に回し者ですね(笑)。聴いたことのないあなたのためにご説明しましょう。

「ゲス乙女」のメンバーは、一人一人が実に特徴的な演奏で、そしてハッキリと自分の「色」を出して曲を演奏します。ボーカルの絵音さんの透き通るような声、そして感情の揺れ動きを捉えた歌詞が現代に生きる私たちの心に刺さります。休日課長のベースは主張が強く、えのぴょん（川谷絵音さんのこと）の声と見事なコントラストを描きながら、楽曲の「ベース」に位置づいてどっしりと支えるというよりは、むしろリードしているかのよう。ポップス、ラップ、さまざまなジャンルが一つの曲で交差する「ゲス乙女」の曲の中で、心地よく聞こえてくるちゃんMARIのキーボード。独特の旋律を通してメロディーに彩りを加えるとともに、その曲の「気分」へと聞く者を誘います。そしてこれでもかというくらい主張してくるほな・いこかのドラム。

　多くのバンドって、みんなで一つの曲を演奏しているように聞こえるんです。というか、それが一般的だと思います。でもこの四人は、とにかくアクが強い！（笑）**一人一人の「個」が立っていながら、自分の色をはっきりと主張して曲が成立しているのです。**パッと聞くと、それぞれバラバラの曲を演奏しているのではないか、と思わせるくらい、視聴者に自分とそのパートの個性を前面に押し出してくる。でも、この四人が揃って演奏すると、あら不思議。一人一人の「個」が絶妙に絡み合って、まさに調和しながら、一つの世界が作り上げられるのです。「全体に合わせなさい」「みんなで同じ方向を向きなさい」そんな風に言われて演奏している感じが全然しない。一人一人が自分らしく、自分の「色」を持ち、それに自信を持っている。それが一つになったときに、はじめて自分たちだけの世界が作られる。彼らの演奏はそんな感じです。ほら、聞いてみたくなったでしょ？

僕が作りたいクラスは、こうした集団です。先生の顔色を伺って、誰かの言いなりになって、「きっとこんな風にした方がいいんだろうな……」って忖度して、そんな風にして「合わせる」集団にはしたくない。一人一人が自分を持っていて、自立的に判断している。さらにそれぞれのよさが認められて、それでいて、みんなが集まった時には、「これがおれたちです」って堂々と言える。そんな集団にしたいと思っています。


先日、こんなことがありました。なかなか身の回りの整理整頓ができないマサヒロさんという男の子。「相変わらず机の周りにものがいっぱいだねぇ」とちょっと批判的に言うと、周りの子がボクにこう言うんです。「先生、それもマサヒロの個性でしょ」「他にいいところあるんだから、いいじゃない」なるほど、そういう考え方もあるか。

妙に納得してしまいました。お互いがお互いのことをそう思える集団になれば、上から指示したり導いたりしなくても自然とまとまっていきます。大人になった今周りを見渡してみて、子どものことかろ仲よくしている友達の中に、「仲よくしろ」って誰かに言われて関係を続けている人なんていないですよね？

「整理整頓の有無」「気配りの有無」……良し悪しを決める「線」があるから、善悪が生まれてしまうのです。けど、そもそも一人一人違いがあるんですから、それを認めて、よさを発揮していくこと。「〇〇ができていない」とレッテルを貼るのではなく、「こんなおもしろいところがある」とポジティブに変換していくこと。そんなポジティブなやり取りが溢れる集団にしていくこと。それが、学級担任として一番に大切にしていることです。不思議なことに、そうやって「その子」を認め、また「その子」に認められることで、「その子」の苦手なことはだんだんと気にならなくなっていきます。気になっていくどころか、直っていくことすらあるのです。

ほら、「ダメだダメだ」と言われると、「じゃあもういいよ」って捻くれちゃうことってあるじゃないですか。そうじゃなくて、「あなたってこんないいところあるんだね」が当たり前になると、なんだかうれしくなって、他のことも頑張れる。ちょっと張り切っちゃう。その感じです。こんな風に考えると、大人も子どもも同じです。大人は何か正しいことを知っていて、良し悪しを決める線を持っていて、その定規に当てはめて子どもを選別する。そんなこと、あってはなりません。同じ地平で、同じ立場で、同じ人間として、その人のオリジナルな部分を「素敵じゃん」とおもしろがることができる。そしてそれを言葉で、表情で、表現で伝える。そんな風なマインドで関わることが、個性を認め合う集団になる一番の近道だとボクは思っています。
クラス替えしたばかりの授業中は、子どもたちは「違うかもしれないけど……」「〇〇さんとは違うんだけど……」と枕詞をつけて意見を述べます。「意見の折衝における謙虚さ」を、学校や習い事などでは求められがちです。学校というシステムは、かくも子どもたちを平準化の波にさらすためにあるのでしょうか。

だからボクは、学級開きのときには必ずこう言います。
「違うということをおもしろがろう。みんな同じ顔、みんな同じ人間だったら、35人が一緒にいてたのしいか？　違う意見、違うよさ、違うからおもしろい。それをいちいち気にすることなんてない。ましてや、それで揚げ足をとることなんてあってはならない」

「違うかもしれないんだけど……」。そう言う子に伝えます。「違っていいじゃないか。意見が違って何が悪い？　違うから授業はおもしろいし、考えが深まるんだ。何も問題ない」

子どもたちが的外れだったり大それていたりすることを言ったとしても、決して否定はしません。「先生は思いつかなかった」「確かにそういう考えもあるな！」正直に、そう言えばいいと思うんです。

ボクは、現代における先生という存在は、もはや何か正しいことを教えてあげる人ではないと思っています。そもそも、何が正解かなんて分からない時代です。ましてや、失敗だらけのボクに「これが正解だ、こうやって生きていくべきだ」なんて、そんな大それたこと言えません。学校や先生の思い通りの回答を探すことより、個性がぶつかり合ってよりよい考えを生み出したり、一人ではまねできない経験を味わったりすることの方が大事でしょう。彼らの未来はまだまだ続くんですから。そのために、ボクたち教師も、型にはめるだけでないいろいろな指導法が増えていく時代になってると思います。

でも、一人一人が自分に自信をもって、自分は自分でいいんだな、と思える、そして「こんなふうに生きていこうかな」と未来を描ける、そんな風に進級したり、卒業したりしていってほしい。これがボクの願いであり、担任をする上でのビジョンになります。それを一言で言い表したのが「ゲスの極み乙女」なんです。ただのバンドの回し者ではないのです。

授業はマネジメントが8割
TeacherからCoordinatorへ

ボクは、学級担任として小学校全科を担当しています。それと同時に、体育科教育を主要研究科目としています。ですからこう見えて、ボールゲーム、器械運動、ハードル、ダンスetc……それなりに教えてうまくさせることができるんです。自分はできないけれど（笑）。

けれど、体育の授業で一番肝心なのは、実際に上手にさせる指導力以上に「事前の準備」と子どもたちが心地よくスポーツに遊べる「場の設計」だと思っています。体育科教育では、こうした作業を「マネジメント」と呼びます。

早く運動したくてうずうずしていて、準備運動や器材の準備をおろそかにする子もいるでしょう。「ちゃんと準備しなさい！」と叱るよりも、子どもたちが楽しく競技に取り組めるように声掛けをしていきたいものです。大事なのはやはり褒めること。普段の授業で指示をするときに心がけている鉄則である、**【簡潔に・明瞭に・**

次のことまで言う】と合わせて紹介します。

例えば、体育館に班ごとに並ばせたいとします（まあ、その前にそもそも並ばせる必要があるのかどうかを考える必要があるとは思いますが）。ボクだったら、事前に体育館に番号を記したテープを貼っておきます。「自分の班の番号が書かれたテームの前に並んで」この一言で子どもたちは並ぶことができるはずです。急いで欲しかったら「10秒で並べるかな？」「○班、はやいね、ありがとう」そうやって伝えるだけで、あっという間に並ぶことができます。

あるいは、器械運動の授業でマットを置きたいとします。その時も、マットを置いてほしいところに、テープを貼っておく。できれば、マットをおいたらその角にテープが来るようにマットを一枚用意し、「マットの角の部分にあたるように、班の番号を書いたテープが貼ってあるよ。それに合わせてマットを置いてごらん？」と見本を使って説明します。「マットを用意したあとのこと」まで指示に含めておくので、この場合、「マットを用意したら、靴を並べてマットの後ろに一列で並んでね」とも伝えます。

このようにしておくだけで、子どもたちは何をしたらいいのかの見通しがもてます。**【簡潔に・明瞭に・次のことまで言う】**。子どもたちは余計な体力を使わずに、授業の本題へと入っていくことができます。

学習指導要領には、「順番やきまりを守り誰とでも仲よく運動をしたり、場や器械・器具の安全に気を付けたりすること」とあります（「第1学年及び第2学年」2内容B器械・器具を使っての運動遊び(3)）。場や用具を使うことは、体育科で育成したい資質・能力の一つです。こうした姿はマナーではなく、子どもたちの育っていく力です。育成を目指す力ならば、当たり前ですが「指導」が必要です。

マットを引きずらずに、協力して運んでいる子どもたちを見かけたら、丁寧に運んでくれてありがとう」「慌てずに運べていてすばらしい」。肝心なことは、第一章で述べました**【普通はよい】**ということ。大人から見たら普通に見えることも、子どもたちからしたら真剣です。それを、ポジティブに評価をする。これで、三つの効果があると考えています。それは、

①授業に勢いが生まれる
②承認してもらえているという安心感が生まれる
③周りの子どもたちも見通しをもてる

とりわけ、③はとても重要です。「褒める」という行為一つで、**モデリング**の機能が果たせるのです。

さて、マットの準備が終わりました。すぐに靴を脱いで並んでいる班があります。ここでもすかさず、「○班、準備早いね」「次のことまでやっていてくれてありがとう」。これも、モデリングになります。この声かけとともに、他の班の子どもたちは、その子達を見てこぞって並んで座り出します。「お！他のみんなもすばやく準備してくれてありがとう」このように、全く叱らず、声を張り上げずとも、とてもポジティブな空気を作り出すことができるのです。

肝心なことは、教師が何かを「やらせる」「教える」という発想ではなく、彼らの本来もっているモチベーションや考える力などを、**「引き出す」「発揮できるようにする」という視点です。**その意味で、教師は「教えるプロ」ではなく「引き出すプロ」「誘うプロ」に、teacherからcoordinatorでなくてはならないと思います。

こうした視点は、体育以外の教科でも同様です。例えば、板書。六年生の国語の教材で『きつねの窓』という名作があります。「ぼく」と「きつね」の「交換」と「贈与」という価値観の違いが、会話を通して次第に顕在化していくのですが、その違いに着目させ、問いを練り上げようとしました。そこで、ただ単に両者の会話を書き連ねていくのではなく、黒板を上下半分にわけ、対比構造が鮮明化するように整理しました。すると子どもたちは、「似ていることを言っているけど全然違う」

と次第に気づいていきました。肝心なことは、「子どものもっている力をどうやって引き出していくか」。そこに向けて、逆算して授業をプランニングしたり、準備をしたりするか。きれいな板書からよい学びが生まれるのではありません。子どもたちとよりよい学びをつくるために板書を工夫するのです。

このことを意識した準備ができれば授業の八割を終わったも同然です。あとは、子どもたちの動き、言葉を受け止めながら、一緒に授業を楽しんでいけばいいんです。

時は金なり　ポイントシステム

時間って限りあるものですよね。また、「時は金なり」という言葉もあるように、有限で、貴重なものであるようです。ボクたちは、子どもたち一人一人のその貴重な時間を使って、教育という営みをほどこしているわけです。だから、可能な限り、子どもたちのために使ってあげたい。

とはいえ、学校ですから、子どもにとっては苦手な教科などは「やらなければならないこと」「こなさなければならないこと」として運ばれてきて、苦痛を我慢しているうちに時間が過ぎていく。

なので、義務感の伴う事柄は、できるだけ短時間で、それでいて高いクオリティで行うように導きたい。これが、彼らの時間を生み出すために大切なことなのではないか、と思います。そこで、何かやらなければならないことがあるときには、タイマーを使って、それにかける時間をはっきりと示すようにしています。

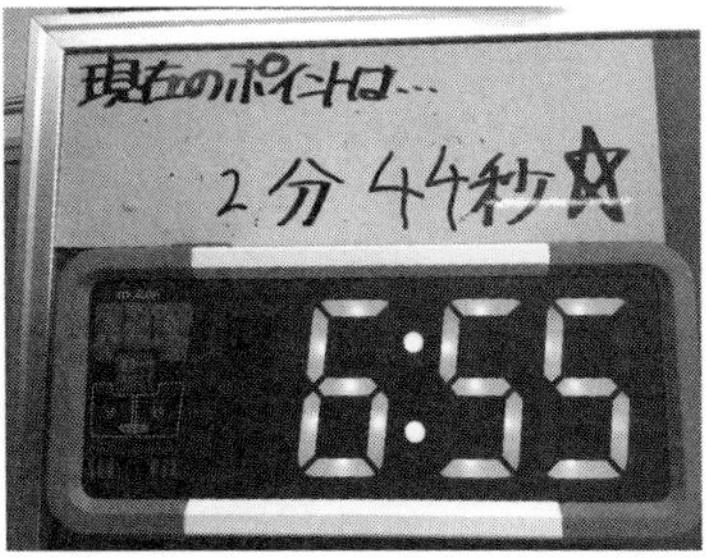

ここでは掃除の時間（四年生）の例をあげましょう。「給食⇩掃除⇩昼休み」と続くタイムスケジュールの中で、掃除時間を短くすれば、休み時間を増やすことができる、というのは誰でも思いつくことです。ただし、掃除をする意義を考えたときに、ただ早く済ませればいいというものでもありません。できるだけきれいに、できるだけ早く。これができれば、完璧です。ある日、そのことを子どもたちに話しました。「教室をきれいに、それでいて早く終

わらせることができるのならば、残った時間は休み時間にしてもいいんじゃない?」「え!本当にいいの?」子どもたちは大喜びです。「ただし、雑にやるのはやめような。掃除していることにならないからさ」次に決めるのは、掃除を何分でやるのか。ここで重要になるのは、「**あまりにも簡単にクリアできても面白くないし、難しすぎても面白くない**」という原則です。みなさんも、「もしかしたらできそう」くらいのときが一番ワクワクしませんか?その「ちょうどいい具合」のところに目標を設定することにしたのです。

子どもたちと「いつも十五分かかっているけど、喋ったり遊んだりしているから、五分くらいは縮められると思うよ!」なんて「矯正的な声かけ」でさりげなく改善点を指摘しつつ議論して、「十分」を目標タイムにすることにしました。教師から強制的に何かをさせる、という発想ではなく、できる限り、子どもたちとやりとりしながらつくる。ボクが大切にしていることの一つです。

さぁ、掃除開始。時計を気にしながらも、手早く、丁寧に作業を進める子どもたち。机は一斉に効率よく移動し、手が空いた子は自発的に「おれ、雑巾絞ってくる!」など役割分担も先鋭化されていきました。床はいつもよりピカピカ、掃除用具も片付けて原状復帰も完了。時間は……残り三十八秒。取り組みは大成功。教室に歓声が響き渡りました。
「やればできるじゃん！」「遊びに行ってくるね！」そんな言葉を残して、教室を飛び出していった子どもたち。教室はきれいになり、休み時間は増え、そしてサボらなくなる。まさに一石三鳥の取り組みでした。

何となく決まっている時間で、何となく決まっている作業をやるのではなく、「何のためにしていて」「それには何分必要か」という逆算をするのは、学級をつくっていく上でも、自分の働き方改革の上でも大事なことだと思います。

しかし、この成功体験では飽きたらなくなったボク。もう少し彼らの力を引き出せるんじゃないか。ついついそんな風に考えちゃうのは悪い癖でしょうか。「時間っていうのは限りがある。けど、工夫次第で時間を生み出すことができる。そして、それは自分たちにもできるってこと、わかったでしょ？」

子どもたちは頷きながらこちらを覗き込みます。「今度は、時間を作り出そう。残った時間はみんなにあげるよ」。この人は一体何を言っているんだ、とでも言いたげな顔で、目をパチクリさせる四年生の子どもたち。
「つまり、掃除の目標タイムは十分なんでしょ？それを、もし七分で終わらせることができたのなら、残りの三分はみんなにあげるってこと」

「あー！なるほど、そういうことか！」

どうやら、合点が入った様子です。

「じゃあ、三分休み時間伸ばしていいの？」

「いや、伸ばすよりも、それを十日繰り返したら、三十分にならない？」

「そしたら、三十分好きにしていいんですか？」

「いいんじゃない？自分たちでつくった時間なんだから。約束するよ」

子どもたちは口々に「掃除時短作戦」を練り始めました。まず子どもたちが考えたのが「役割分担の明確化」です。自分の仕事は何で、それに一体どのくらいの時間がかかるのか。それを考え始めました。すると、次第にこんなつぶやきが。「ぞうきんがけって10往復もする必要あるの？」「ほうきって並んでかけないとダメ？」

学校で行われていることというのは、実は大した理由もなく「なんとなく」「慣例で」行われていることが少なくありません。「いつもやっているから」「当たり前だから」やる、というのでは、いわゆる思考停止状態です。そこに、子どもたち自身が、そこにメスをいれる。

「早く・きれいに」というビジョンを遂行するために何が必要なのか。それを考えはじめました。

さらに、「机運び」に時間がかかる、ということに気づきます。それまでは、ほうきやぞうきんといった仕事の合間に全員で運んでいました。そこにタイムラグが生まれることを問題視したのです。「机運び担当者を決めて、ぞうきんが終わったらその人たちですぐに運ぼう」徹底してムダを省く。一人一人が役割を遂行し、全員で一つの活動を作り上げる。子供たちはそんなことをイメージしていたようです。

そして、毎日数分ずつ、コツコツと貯め始めました。彼らはそれを「ポイント」とか「貯金」とか呼び始めました。

しばらく経つと、掃除の担当を変えたい、と子どもたちは言い始めました。「毎日同じ仕事を同じ人がやったほうが、より早くなって、きれいにもなる」。確かに。早速、帰りの会でみんなに提案するよう促しました。「みんなの得意なことや、やりたいと思う仕事で、タイムを縮めることができるように発揮しよう」。そうして生まれたのが「掃除プロフェッショナル制度」です。雑巾掛け、黒板消し、机運び……それぞれの得意を活かした持ち場で全力を注ぎます。彼らはお互いを「プロ」と呼び合っていました。この発想は、まさに前節でご紹介した「ゲスの極み乙女のようなクラス」への近道だ。自分のできること、得意なこと、「これならがんばれる」ということに注力することが、結果的に全体の利益になっていくことを子どもたちから学んだのです。

確かに、学校の中で出来うる、一通り全ての仕事を経験しておいた方がいい、という考えもあります。けれど、そもそも世の中にある仕事は学校の中にあるそれだけではないことは明白です。学校の中だけで成立する何かを経験させることに、ことさら意義を見出す必要なんてない気がするんです。それよりも、**「自分が全体に寄与できた」「自分が力を発揮したことで、何かいいことがあった」という経験を味わうこと**の方が、よっぽど有益ではないか。子どものアイディアから、そんなことを思ったのです。今回の子どもたちの場合は、いろいろな仕事を経験したうえで、自発的に選択しているので、経験値を生かしてよりよい仕組みにするための合理的な判断をしているなとも感じました。

その後、着々と貯金を貯めて行った彼ら。100分貯めて、思いっきり遊んだり、クラスでイベントを企画したりもしました。また、「ただ遊び時間につかうのはもったいないよ」と、自分たちで貯めた時間を、合奏の練習や体育の表現運動の練習にあてることもありました。彼らは、自分たちのがんばり、作業の効率化によって、自分たちの体験の質を高める時間を生み出すことができることに気がついていったのです。これは、生きていく上で、また社会に出て自己実現を目指す上で有用な学び／経験だったのではないでしょうか。

世の中の動向に目を移してみると、みんなで同じことをする「協同」から、自分のもっている力を生かしながら、異質な他者とゆるやかに繋がる「協働」へと、「きょうどう」観がシフトしています。この「時は金なりポイントシステム」は、そんなこれからの「協働」をまさに具現化する実践に子どもたちがしてくれました。

先生にもできないことがある

「聖人君子」という言葉があります。どうやら、「高潔で見分が深く、教養が豊かで人格者」のことを言うんだそう。「教師は聖人君子でなくてはならぬ」そんな言葉が、かつてはよく聞かれたように思います。「教師は児童の見本にならなければならない。そんな言葉遣いではいけません」と、若い頃、よく先輩たちにご指導いただいたこともありました。

それも、一理あると思います。身近な大人が子どもたちの見本であり、憧れであるというのは、素晴らしいことです。けれど、一つ物申したいのが、教師=完璧でなければならない、という考え方です。そもそも「完璧である」という時点で、「完璧ではない」が成り立ってしまいます。つまり、「教師＝完璧である」が見本になり、それを目指すべき存在とするのであれば、当然ほとんどの児童はそれに及ばないことを前提としているわけでして、だとするならば彼らは「完璧ではない」人たちである、ということになります。

つまり、「教師＝完璧」であり、かつ**「教師が子どもたちの見本となる」というロジックは、暗黙のうちに子どもたちを不完全な存在として見做している**ことになりかねないわけです。ひいては、それ（教師）に近づいたり恭順であったりすることが是で、そうではないことが非であるというラベリング、「見えない区分け」を子どもたちに適用していることにすらなるわけです。それでいて、あるときは「それはしてはいけない」、またあるときは「教室は間違うところだ」「間違っていいんだ」なんてことを言われたって、子どもたちからしたら困りますよね。

たしかに、知育・徳育・体育を子どもたちに身につけさせ、社会の発展（＝経済的成長）に有用な人材を養成することを求められたかつての日本であれば、それも成り立ったのかもしれません。そうした状況下の学校では、子どもたちを「空っぽのコップ」に見立て、そのコップに必要な材料を注入していくのが教育であり、それらを知り、司っているのが先生にあたるわけですから、当然、先生はそのモデルであることが求められるわけなのでしょう。

しかし、時代はすっかり移り変わってしまいました。もはや子どもは「空っぽのコップ」ではなく、むしろ彼らの方が詳しく知っていたり、上手だったりすることもたくさんあります。昆虫や電車に限らずですが、興味をもって調べている子どもの知識には勝てないことが多いです。また、そもそもモノをたくさん知っていることが良いとされる時代は終わりを迎えようとしています。なぜならば、絶えず「正解」は変わっていくからです。

このように、状況に応じてその都度「最適解のアップデート」が求められる中で必要となるのは、「正解」を知っていることよりもむしろ、必要な情報を**「求める力」**だったり、情報と情報を**「つなげる力」**だったり、問いや課題を生成し、他人と協力して解決の糸口を見いだす**「問題解決力」**だったりといった、いわゆる**「ソフトスキル」**と呼ばれるものです。そうだとすると、「正解」すら可変的で状況依存的なものである、という立場に立つ必要があるでしょう。先生という仕事も「ほら、これが正しいんだぞー！」といってコップに注ぐ、という立場では、もういられないのだと思います。

その意味で、僕はどのクラスをもつときでも、「先生にもできないことがある」「先生もまちがえることがある」という立場を一貫してとっています。たとえばボクは、身の回りの整理整頓がうまくできなかったり、明日の連絡を間違えたりすることがままあります。それはそれで、本当に問題だと思い気をつけてはいるのですが、逆にボクは、それは「苦手なんだ」と曝け出すことにしました。そうすると、伝え忘れそうになったとき、「先生、明日は変則で6時間じゃない？」とか「明日、歯科検診だから次の国語は来週だよね」とか、子どもたちが教えてくれるようになりました。そんなときには、「あ、そうだったね。ごめん、ありがとう」と謝ることが肝心です。この前なんて、授業中に解説する問題を途中で取り違えて違う答えを堂々と解説していることがありました。「先生、それ違くない？」

すぐに頭を切り替えられなかったので、こう聞きました。

「ごめん。先生より詳しく説明できる人いない？」イレギュラーなことで、発言しがちな子たちがすぐに反応できませんでした。間を取って立て直そうとしたとき、すると、いつもはなかなか発言をしないタクヤくんがやおら説明し始めたのです。「タクヤすげー！わかりやすい！」教室はわきかえりました。七転び八起き、タクヤくんの知られていない教え上手な面が共有されました。先生が間違える、先生がわからない、って、そんなに悪いことでもないような気がします。

柔軟な先生たちは、「苦手な子には教えてあげて？」とか、「間違えたことを責めたらいけない」と、子どもたちに話していると思います。でも、教室という文化は、空気は、絶対的正解を知っている存在として先生が目の前に立っている限りやっぱり「間違うことは悪」なんです。それでは、子どもたちは教師相手に思いついたことを言うのを萎縮し、子どもたちの間での競争に躍起になってしまう気がします。肝心なのは、子どもたちに何か「正解らしきもの」を注入することではなく、彼らのもっている力を引き出すことで、彼らの「やりたい！」という思いを大切にして成果に結実してもらうことです。

先生にも、できないことがあっていいんです。できないときにはできないって言えばいいんです。もちろん、できないだけでは職務不履行ですが、時には先生の「教える」という役割を子どもにシェアして、「学ぶ」という役割をシェアさせてもらって、教室全体の学びを深める方が子どもたちの力が育つことがあるのです。

みんな、得意なことと苦手なことがある。それをわかちあっていこうよ。そんなメッセージを、先生自身が体現してみてはいかがでしょうか？

秘書係誕生秘話！

さて、そんなだらしない担任であるボクには、ボクの身の回りのお世話をしてくれる秘書がいます。担当する学年により6～11歳の秘書です（笑）。見の周りのお世話をさせる、というと、なんだか召し使いにしているみたいで嫌な感じですが、そうではありません。ボクのだらしなさを見兼ねた子どもたちが、「先生さぁ」とブツブツ文句を言いながら、整理整頓をしたり、片付けたりをしてくれ始めたのが、事の発端です。

ある日、休み時間の終わりに教室に戻ると、アツコさんが「全くしょうがないなぁ」と言いながら、片付けをしていました。「え、なにやってるの？」とボクが聞くと、「だって先生の机の上、汚すぎなんだもん！」と言いながら、せっせと手を動かしています。きっと、紙や文房具が散乱したボクの机上を見るに見かねたんでしょう。それをみてボクは、「ごめんねぇ、先生、整理整頓できないからさ……助かるわぁ」と言いました。するとアッコさんは驚いたように言いました。「本当？んじゃ明日からもまたやるわ！どうせ汚いんだから」その日から、アッコさんはボクの机を気がついたら整理をしてくれるようになりました。

またある日、ふと気が付くと、二人に増えていました。「私もやる」そういってついてきたのはユウコさんという女の子でした。彼女たちは、ボクの机上の整理をするばかりではなく、より整理整頓がしやすいように、どこに何をおくかを決め、それがわかりやすいようにラベルのシールまで貼ってくれたのでした。

「はい、すぐ配るプリントはここ、体育の授業でいつも使うワークシートはここ……」という具合に、ボクが自発的に整理整頓できる「場の設定」までしてくれたのでした。彼女たちはまるでボクの秘書のように、ボクの見の周りのお世話をしてくれるようになりました。そして、それを見て一人、また一人の増え、気づけばボクのお世話をしてくれる人がたくさんになっていったのです。配らなければならないプリントを教室に入る前に配っておいてくれたり、集めたプリントを名簿順に並べておいてくれたり、給食をよそっておいてくれたり、いつも使うペンを出しておいてくれたり、時間割を黒板に書いておいてくれたり、等々。

先生のミスは自分たちにも悪影響があるし、先生が機能的であれば、自分たちの学習効率があがるということに気が付いているのです。「やってくれ」とお願いしたわけでなく、子どもたち自身が仕事を見つけ、子どもたち自身のために、より働きやすいように、より快適に過ごせるように、すすんで動いた。どのクラスでもだいたいこんな調子で、最終的にはボクは本当にヒマな担任になるのです（笑）。教室にいくといつも大体のことがすでに行われている、整っている。「クボケン、忙しいからね。いつも目の下にクマができているよ」なんていいながら、通称「秘書係」は今日も喜んで働いてくれるのです。そして、それによって生まれた時間をボクも彼らも自分の時間に当てることができるのです。

　このことは、単にボクがヒマになる、という以上の効果があったように思います。それは、同じクラスの**仲間の「苦手」を受容しあえる**ようになっていくということです。もちろん、自分のことは自分で、というのは基本なんだろうとは思います。けれど、誰しも苦手や個人差はあるでしょう。それを、「おい、何やってるんだよ」じゃなくて、「まあまあ、しょうがないなぁ」というスタンスで支え合える。また、ただ単に「すべてをお世話してあげる」と

いうことではなく、ボクの机の周りに付けてくれたラベルのように、「じゃあこうしてみたらいいじゃない？」という解決策を示しあう姿も印象的でした。これは対だらしない担任だけでなく、いろいろな教科等で子どもたち同士が苦手の克服方法を考え実践するようになりました。さらに、一度も挑戦していないのに人にまかせっきりにする姿も、自然と出てこなくなりました。

「がんばってはいるんだけど、これ、苦手なんだよね」

そうやってお互いに言い合える集団、そしてそれをわかちあえる集団、「じゃあこうしてみたら？」と自然に言い合える集団。そういう安心感と受容感に包まれた空間でこそ、子どもたちは一人一人の個性を発揮できると考えています。「まあ、それがクボケンだから」という彼女たちの言葉に、すべて凝縮されている気がします。子どもたちは常に受動的な存在ではありません。

当たり前を見直してみよう！居心地のいい空間づくり

学級経営では四月がとても重要であると言われます。学級の規律や雰囲気、「越えていい線とダメな線」をはっきり示す、など様々に言われてきました。

そんな中でボクは、とにかく「居心地のいい空間」づくりに努めています。それが、自分らしさを気兼ねなく発揮することにつながると考えているから。そんな居心地のよい空間づくりを考える上で、いつも意識しているのが、**「どうせやるなら楽しく・気持ちよく」**ということです。

ですが、残念ながら、学校・学級のシステム上の問題で、どうしても「気持ちよくない」場面が散見されます。

例えば、給食時間の早く食べ終わった人どうする問題。早く食べ終わった人は外で喋る・立ち歩く・早く遊びにいきたいのに、一斉に片付ける時を待たねばならず、落ち着きがない子が出てくる「学校あるある」です。対して「給食はみんなで会食する時間だ」とか「自分だけ時間を守らないのはわがままだ」とか、いろいろ言って静かにさせようとしてしまいますよね。「黙食タイム（話しをせずに食べる時間）」を設けている学校もあります。

子どもたちは「終わってるのに自由でない」ことに納得していないため、捻くれていきます。納得できないことなのに「いつも決まりだ、と言われて怒られている」というネガティブな印象を抱くと、学級全体の雰囲気が悪くなっていきます。

ボク自身、子ども時代にそれでイライラしたことがありましたし、同時に教師になってからは悶々としました。そもそも子どもたちは（恐らく大人もですが）、「どしていいんだかわからない中途半端な時間」がとても苦手です。向かっていくものがあるなら、どんな授業もがんばれる。けど、「とりあえずじっとしてろ」的な指示や状況というのが、あまり好きではありません。そうなると、どうしても無意味にザワザワして結果的にその時間が延びたり、場合によっては集団で反発する行動に出て学級が荒れたりするわけです。

そこでボクは、「給食時間の当たり前」を疑ってみました。「そもそもこれ、時間を決めてみんなで食べなさい、という必要なんてあるのか？」

ボクにとって一番大切なことは、慣例ではなくて学級経営上のビジョンです。学校の慣例が、彼らを居心地悪くしているのならば、それは見直すべきだと思っています。

そこで、給食は「食べた人から片付けるシステム」にしてみました。食べて遊びに行きたい人は片付けていく。ゆっくり食べたい人はゆっくりと食べる。歓談しながら味わいたい人は歓談しながら味わう。各々が居心地よく、自分のスタイルにあった給食時間を過ごせるようにするために考えました。

そもそも給食って何でしょうか。学習指導要領では「特別活動」の学級活動(2)2に食育についての記載に登場します。「給食の時間を中心としながら、健康によい食事のとり方など、望ましい食習慣の形成を図るとともに、食事を通して人間関係をよりよくすること」とあり、こうした場であることが大事です。食事や片付けをないがしろにして遊びに行くのはいけませんが、我慢を教える空間でもないと思います。

それに、子どもは早食いになるか話もせず飯をかっこんで飛び出していくかと言えば、決してそんなことありません。適度に話し、適度に食べる。安心感がそうさせるのでしょう。ボクのクラスはこんなふうに、それぞれがそれぞれのペースを大切に、給食時間を過ごしています。

他にも見直したシステムがあります。それは、「掃除をいつやるか問題」です。

給食の後に掃除をすると、食べ終わらない子が出ると、埃が舞うので全員が食べ終わるまで待たないといけない。じゃあ、遊んだあとにやる、としたら、遊び疲れていたり、遊びから帰ってこなかったりと、いずれにしてもデメリットがありました。「さて、どうしたものか……」と考えて時間割を見て閃いたのは、「そうか、朝やればいいんだ！」という「朝掃除システム」です。朝、登校してみんなが揃ったら、まずは全員で掃除をする。掃除のシステムは先ほどご紹介した通り、長時間はかけません。そして、気持ちよく一日をはじめられるようにする。

子どもたちへの提案が通って、はじめて朝掃除をしたクラスでは、これが、子どもたちには大評判！「朝活」と呼んで、いい生活リズムになりました。やること先にやっちゃったら、昼は自分たちの時間。給食を食べたら遊んでいていい。そんな安心感と合理性が、彼らをやる気と居心地の良さを生むのです。

さらに「朝の会・帰りの会問題」。そもそも、単純に「必要なのか？」という話です。あまり興味のもてないお題で友達がなんとなく話すスピーチを話半分で聞いて呆けてたら、「ちゃんと聞きなさい」と怒られるアレです（笑）。そもそもちゃんとスピーチをさせるんだったら、ちゃんと指導してからやった方がいいし、そのスピーチを受けて議論をする時間を取った方がいい。片手間にやることじゃないはずです。

そんなに大切なことなんだったら、きちんと授業内でやりたいな、と思います。また、帰りの会についても同様です。例えば、「帰りの会で今日の反省や話し合うべきことはありますか」という呼びかけは果たしてどれほど子どもたちの耳に響いているのでしょう。そうしたことをすべきなら、しっかり学級会の時間をとってクラスで検討すべきだとボクは思います。そこで考えたのが、「朝の会・帰りの会撤廃」。伝えたいことや連絡したいことがあれば、事前に子どもたちが報告にくる。ボクからも話したいことがあれば、「今日は話したいことがあるからね」と伝えておく。そうでない限りは特になしにしました。授業が終わって、帰る支度をしたら、「さあ、帰ろう！」と言って、すぐサヨナラです。せっかく1日頑張って、「早く帰りたいな」と思っているのに、必要なのか必要ではないのか、よくわからないことに時間を捧げるのは、あまり居心地のよいことではないと感じます。必要なら必要だと言うし、むしろその議題の**必要性に応じて適切な時・場所・タイミングでやるべき**です。「反省は」と投げかけて、深刻ないじめ問題などが出てきたら、それは終わりの会のレベルで終わる問題ではありません。

「慣例だから」「当たり前だから」「みんなやっているから」やる、という発想で、子どもたちを居心地の悪い空間に誘うのは、ボクは好きではありません。最初にお話しした、その集団をつくっていく「ビジョン」に従い、それに近づくことができるように、思い切って、「当たり前」をやめてみませんか？

時間は生み出すものだけど

小野梓

私が1番印象に残っているのは、時間についての授業だ。

私たちは掃除の際にふざけてしまうことが多く、いつも授業に遅れそうになっていた。それを見た先生の提案で、タイマーを設定し早く終わった分だけ「貯金」をする、ということを始めてみた。

ある日、貯金が授業一コマ分貯まっていたので、1時間弱を自由に過ごすことに。私は教室で友達とトランプをしたり、お喋りをして過ごしていたが、楽しいはずの自由時間が途中から退屈な時間となっていると感じた。そう感じたのは私だけでは無いようで、自由時間が終わったあと先生に「どうだった？」と聞かれると「楽しかったけど、途中からつまらなくなっちゃった」と答える人が大多数だった。それに対し先生は「休み時間は限られた少しの時間だから楽しめるんだね。」と言った。

時間についての授業で何より嬉しかったことは、1時間弱勉強もせず、悠々自適に過ごす私たちを、先生は優しく見守ってくれていたことである。授業予定も変更になっただろうし、先生は始めから途中で飽きてしまうことを分かっていたのだと思う。それでも、私たちが身をもって時間の使い方を学べるようにしてくれていた。それが凄く幸せな事だったのだと気付いたのは、つい最近のことである。

私がこのことから学んだのは、時間は制限があるから行動できるのだ、ということ。なぜなら、時間に制限があると、その時間をどう充実させるか・何を優先して行うべきかを考えることができるからである。これはどんな場面にでも応用できる。例えば勉強なら、タイマーをセットしその設定した時間までに問題を解くよう努めたり、登校時に利用するバスの中で英単語を覚えるなどだ。

中学生になり、自分で考え行動しなければならない時間が増えた。やらなくてはいけない課題の整理であったり、自分の進行状況の把握であったり、混乱することも多々ある。そのような時は必ず、時間は有限であること・優先順位を作り進めるべきだ、ということを思い出し、「何時から見たいテレビがあるから、それまでに何ページ終わらせよう。」という風に目標を作る。

自分がこの様に予定を立てることが出来るのは、あの時間についての授業が大きく関わっていると思う。

「教えるプロ」から「誘うプロ」へ「夢中」に誘う授業を

「教えるプロ」から「誘うプロ」「引き出すプロ」へ。

僕が教育実習生や若手の先生たちによく言う言葉です。社会が変わり、教育の前提や成立条件が変わった今、当然のことながら教師の役割も変わらざるを得ません。教師は、「何か覚えておくといいこと」をことさらむき出しにして「教える人」ではなく、**教科のもととなる文化や科学がもつ「おもしろさ」＝文化的な魅力に「誘う」人**となる必要があります。そのために、ボクは単元を二つのフェーズに分けて考えます。

まずは、「夢中になって○○する」という状況を作り出すためのフレーミング、環境整備、教材の簡易化など**「学習環境デザイナー」**になる段階。

次に、「おもしろさ」を味わった学び手が「もっと○○したい」「○○についてどうしたらうまくいくんだろう」と考えるように導く段階。子どもたちが「学ぶ意味を自ら見出した」文脈において、その解決に役立つような示唆を与えたり、先達の知恵である技術や戦術といったリソースを紹介したり、見つけたりしていく**コーディネーターとして機能する段階**の二つです。

つまりボクはこれからの時代は、教師としての意識が、teacherからdesignerでありcoordinatorへと変化していくと考えています。空っぽの子どもたちに何か「正しい」ことを注入していくという「上から下へ」の関係ではなく、文化や科学のもつおもしろさを「ともに味わっていく」関係への変化です。

肝心なのは、「この問題を解くにはこういう情報が必要なのではないか」などと考えて、「おもしろさ」を深めようとし、学ぶことの意味を自ら作り出したり、考えたりしている子どもたちを、まるで「同じ学び手の一人であるかのように」支え、「まなざす」くことです。

「やりたい」「知りたい」というガソリンが子どもに着火しているときには、ちょっとくらい難しいこともチャレンジできる。だから、そんなときには「学習指導要領には……」なんてこと言わず、先の学年や学校で学習するような内容もどんどん提供します。すると、子どもはさらに目を輝かせて、「じゃあ、これは？」「あ、だからか！」と発見したり、新しい問いを創出したりするのです。この瞬間が、楽しくてたまりません。だって、彼らのそういう発想は、ときにオトナを超えてくるから。数々の具体例は後に述べますが、これが、「ともに味わう」醍醐味です。

要するに、単に何か「できる」ことを目指すだけでは不十分で、「もっと○○したい」を実現するための、その知識や技能がどのように役立つのか、何に使えるのか、どうしたら生活が便利になるのか、といったことを、自分たちの文脈において考えることが重要な時代を迎えているという考え方です。授業は時に大きく脱線することもあります。指導案に書いたように予定調和にはいきません。それでも、「おもしろさ」というそれぞれが見つけた頂上を目指していく道を、試行錯誤しながらともに歩んでいく。そこで得た知識や考え方をみんなで共有して、クラス全体で高まっていく。

実際、大人になったボクらが学んでいるときはこういう流れじゃないでしょうか。「絶対失敗しちゃダメだからね！」と言われて、チャレンジできますか？　料理でも、家事でも趣味でも「あ、間違えた」「あー、だからうまくいかなかったんだ」そういう挑戦と発見があるから、そこで得た知識が明日への血肉になる。そういうことを、ボクは失敗とは思いません。

本来「学ぶ」というプロセスに、回り道は不可欠です。それをいちいち「間違い」「失敗」と呼んで再発を避けようとするマインド自体を変えていく必要があるんじゃないでしょうか。

そうやって試行錯誤しながら、ときに回り道しながら、どうしたらいいだろうか、何が必要なんだろうか、と考える。それが、これからの時代において求められる「状況に応じて活用する力」の「ソフトスキル」を発揮していくことそのものなんですよね。

じゃあ、そのためにどうしたらいいか。

そのためにボクは、まず第一のフェーズ、「おもしろさ」に誘う段階では、「授業に子どもを合わせるのではなく、子どもに授業を合わせる」ことを考えます。例えば、体育のボールゲームの授業、難しいですよね。公開研の協議会や校内研の講師としてお邪魔するとき「どうやったらいいんですか？」というご質問が殺到するのが体育のボールゲームです。何が問題かって、「技能差」がついてまわること。すでに運動経験がある子と、そうではない子の差が大きすぎて、片方に合わせるともう一方はつまらなくなり、もう一方に合わせると片方がつまらなくなる。そんなジレンマ状況がよくありますね。

ここでまずは学習環境をデザインする。「技能差」が極力うまれない仕組みを考えます。バレーボールを例にしてみましょう。まず問題になるのが「ラリーが続かない」。それもそのはず、レシーブやトスといった技能が必要になってくるから。

それで、多くの授業ではまずレシーブやトスの練習をする、ということが行われます。

けど、レシーブやトスはあくまでも「手段」であり「道具」ですから、それができるようになればバレーボールの「おもしろいところ」に触れ、それを深めていけるわけではありませんし、そもそも「手段」とは「何かのため」のものですから、それが「おもしろさ」に繋がっていないのであれば、極論、やる必要がない、とさえ言えます。だからボクは、レシーブやトスを使わないでバレーボールの「おもしろさ」に夢中になれるルールを考えるわけです。

どうするかというと、例えば「ボールがきたらキャッチしていいよ」というルールにする。バレーボールとは、要するに「相手のコートに落とすか落とさせないか」がおもしろいスポーツです。それを巡って、それぞれの競技レベルに応じて技術が発展してきたわけです。裏を返せば、その「落とすか／落とさせないか」に触れることができる「学習環境」をデザインすればよい、ということになります。最初、子どもたちにかける声は「三回までボールをキャッチしていい。だから、なんとかして相手のコートにボールを落としてごらん」これだけです。そうすると、子どもたちは考え出します。「あそこが空いている」「できるだけ手前に落とした方がいい！」じゃあ、どうしたらそれができるか、また試行錯誤をするわけです。

そうしたら、次はコーディネーターとして、試行錯誤を盛り上げるサジェスチョンを行います。

「ほら、守備側は相手に落とされたら一点なんだよ?なんとかして落とさせないようにしてごらん?どこにきそうか、どこが空いているか。相手はそれをねらっているよ?」

するとフ今度は、守備側が一生懸命考え始めるのです。「○○が打ってくるときはうしろだ!」「手前があいているから、カバーして!」そういう工夫した声かけや動きを、授業の中盤や終末の場面で取り上げ共有します。そのときには、実際にやってもらうのが効果的です。アルバート・バンデューラさんのいう、「モデリング」って言うやつです。こうして、単元を進めながら、「落とすか落とさせないか」バランスよくたのしめている状況であればそのままのルールでいいし、バランスが崩れてきた、つまり、簡単すぎたり、難しすぎたりしたら、またルールを調整すればいいわけです。ボクがよくやるのは、「ボールをもったら二秒で離そう」と時間を短くすることや、「キャッチするのは一回にしてみよう」とキャッチ回数を減らすことです。これでまた、ゲームは白熱します。

この事例からわかるのは、**「制限をかける」というのは、実は思考を活性化させる、ということ**です。別の事例で考えてみましょう。例えば六年生の歴史単元で、ジョルジュ・ビゴーの描いた日清戦争の風刺画が出てきます。日本を表すまげの人と中国を表す漢服をまとった人が釣りをしているのを、ロシアを表す軍人が遠くから見ている絵です。

導入場面で、風刺画の中央下、朝鮮半島を意味する魚が見えないように加工した画像を子どもたちに配ります。絵で隠されている部分に目が行っている子どもたちに「これ、何のシーンだと思う？先生が隠したものを当てられますか？」と発問します。みんな、一生懸命に考えて、風刺にこめられた国と国の間の緊張状態について思いを持ち、考えを交流させていきます。

また、四年生の国語の教科書に『ごんぎつね』という物語教材がありますが、教科書にのっている作品は、原作とは異なる箇所があります。そこで、一通り作品を通読した後に、「実は原作では、最後の文章が違うんだよね」と伝えるわけです。そして、「〇〇〇〇なりました」と書いたカードを黒板に貼り、「〇には平仮名が一文字ずつ入ります。何がはいるでしょう？」と聞きます。最初は、あてずっぽうで答える子どもたちですが、「必ず文章の中にヒントは隠されている。それを読み解かないとわからないよ？」と本文へと誘います。すると、子どもたちは貪るように読み始めます。

ここで、より協働的に、いろいろな可能性を検討してほしいと思うボクは、「グループで検討して、一つ答えを絞ってみて？」とまた制限をかけます。教室は大盛り上がり。「わかったー！」という声があちこちで聞かれますが、残念ながらその答えは違っていることがほとんど（笑）。その後は、答えを子どもたちに伝え、その謎を読み解いてみよう、と進めるか、あえて答えは伝えずに、単元末に再度検討をするか、のどちらかが多いですが、それは子どもたちの様子をみて決めます。ちなみに答えは……調べてみてください。

何を根拠に一般的なルールを変えたり、制限をかけたりする工夫で子どもたちを引き込もうと考えているかと言いますと、**「要するにその題材の何がおもしろいのか」**に子どもたちが迫れるかどうか、この一点です。

ボクにとって、レシーブやトス、兵十の気持ちや加助のセリフなどは、すべて枝葉です。授業で大切なのは、「要するに」に当たる部分、つまり幹です。これが奥深くておもしろいからこそ、必要に応じて枝葉が生きてくるしその能力の必要性が生まれるのです。バレーボールで言えば「落とすか／落とさせないか」ですし、ごんぎつねでいえば「『悪』は本当に悪なのか」です。

だって、自分が兵十のためを思って行動していることをわかってもらったぬすっとぎつねが、火縄銃で打たれて死ぬにもかかわらず「うれしくなる」って、じゃあきつねは本当に「悪」っていいきれますか？　あ、さっきの答え、言っちゃった（笑）。

今、多くの授業実践は、「幹」ではなく「枝葉」にこだわりすぎだとボクは思います。「枝葉」をどう身につけさせるか。それに終始していては、問いや気付きが連続していきません。「要するに何が奥深いのか」「要するに何がおもしろいことなのか」という、その教科の奥にある学問の「幹」を見定め、それにどうやって出会わせるのか、どうやって追究していく授業にするかを考える。難しすぎたら簡単にする。簡単すぎたら難しくする。そこが、「学習環境デザイナー」として腕の見せ所です。

ここで、もう一つ重要な原則をお伝えします。それは、**「わかりそう、でも、わからなそう」くらいが一番夢中になる**、ということです。スポーツで言えば「できそう、でもできなさそう」と言い換えられるでしょうか。子どもたちによく言う話なのですが、「幼稚園の子たちとサッカーをして、おもしろいか？」というやつです。「まず間違いなくいドリブルで抜けるだろう」「間違いなく勝てるだろう」という状況は、実はおもしろくない。「みんながプロサッカー選手とマジで試合したら、おもしろい？」「まず間違いなく勝てない」となるわけですから、意欲は減退します。

このように考えると、先ほどいった「失敗」のもつ意味が一層鮮明になります。つまり、「おもしろい」とは、成功と失敗がほぼほぼイーブンの状態にさらされているということです。裏を返せば、「失敗する可能性があるから夢中になる」ということになりますよね。だから「失敗しちゃいけない」教室風土だと、「夢中になる」を阻害するどころか、学習機会を奪ってしまうことになります。

この、「わかりそう、でもわからなそう」な課題を設定して夢中になれる授業をデザインすること、これが大切です。それを支える共通理解として「違いがあるのは当たり前なんだ」「先生も完璧ではないんだ」という安心感があります。それが、ボクの学級作りのベースにあたります。

整理をすると、

「枝葉」ではなく「幹」に子どもたちを出逢わせるために、

> ①教材を子どもに合わせる
> ②適度に制限をかける
> ③「わかりそう、でもわからなそう」をつくりだす

という三つの授業づくりの視点が重要になります。

さらにそれを支える教室風土として

○「違い」の受容と「よさ」の尊重
○失敗を失敗と捉えず、間違うことが前提

の価値観が子どもたちの中にあると、これらの方針が有機的に連関しながら、学級ができていくわけです。

さて、「夢中になる」に誘ったあと、授業はどうなっていくか。つまり、先ほどの「二つ目のフェーズ」にあたる部分はどう展開されていくのか。それは、またこの先で紹介してみたいと思います。もう少し、読み進めてみてくださいね。

「今日からノンアルコールビールにする！」

ボク、お酒、結構好きなんです。飲むときは結構飲んじゃうんですけど、三十代に入って、最近太ってきちゃって（笑）。そろそろ好きなだけ飲むのはやめないとなぁと思う今日この頃。みなさんも、同じような思いになることはありませんか

ね？（若い読者の皆さん、すぐにそういう時期が来ますからね）
さすがに生活習慣病への恐怖心も湧き、ある日、よし、5kgやせよう！と思い立ちました。そのために、お酒ではなく、「ノンアルコールビールを飲むことにしよう」と決心しました。早速決意の表れとして、通販サイトでノンアルコールビールを箱買いして、「よし、今日からこれを飲むぞ！」と決意を固めたわけです。その決意の甲斐もあって、現在も大量のノンアルコールビールがケースに残ったまま……あれ、なんかおかしいぞ？　あんなに決意したのに。相変わらず、意志薄弱なんだなぁ、自分。

こういうこと、みなさんの生活でもありませんか？　これを、ボクは、「自分の意志力が弱いからダメなんだ」と思い込んでいました。けど、よくよく考えてみると、意思力なんて、人間そんなにあるんですかねぇ。
これは、意志力の問題ではなく、むしろ「ゴールセッティング」の問題だ、と言えるのかもしれません。つまり、「5kgやせる」というとんでもなく大それた目標（実際、5kg痩せるってめちゃくちゃむずかしいですよね）を掲げ、さらには大好きなビールを突然やめる、というこれまた無茶なゴールに設定したことそれ自体が、問題である、ということです。

さらに、もう一つの問題は、「5kg痩せる」と言う目標を達成したとして、どうしたいのか、何をしたいのか、どんないいことが待っていると思えるのか、そのビジョンが欠落していた、ということです。なんかいいことが待っていると確信をもっていえないのに、仄かで不確定な未来への恐怖からの逃避のために苦行に挑まなければならない。この状況で意思力を発揮するのは、とても難しいことのように思えます。ああ、自己弁護と言わないで！

このことは、子どもたちとの授業ややりとりと共通点があると思うんです。つまり、実現したらこんないいことが待っていそうだ、というビジョンを示したり、それを共有したりする大切さ。実は学校での勉強や行事、人間関係の改善などにおいて、教師の指示の先に何があるのかということがきちんとされていないことが多いように思います。それで、「さあ、がんばれ」と言われても、それはボクのノンアルコールビール状態になることは請け合いでしょう。もし行動変容したとしても、それは苦行を我慢しているだけです。

ですから、何か活動をさせるときには、「それをしたらどんないいことがまっているのか」「どんな景色が見えそうなのか」というビジョンをしっかりと伝える、共有する、という作業を忘れてはいけないと思うんです。

その上で、「そのために今、これをやろう」という「ゴール」は、できるだけ近く、それでいて、「あ、少しがんばればできそうだな」という位置にセッティングする。「できそう、だけど、できなさそう」という、アレです。

　ボクのさっきの例で言えば、まずビジョンが欠如していましたね。「いや、我慢して痩せてどうするの？」という話です。さらには、突然、今までやっていたことを全て我慢する、なんて、ゴールセッティングが遠すぎます。せめて、「一日一本にしよう」とか、「金曜日は好きに飲んでいい」とか、そういう風にしないと、当然続けられないでしょう。勉強にしても同じです。「〇〇大学に入りたい」「そのために偏差値を〇〇上げたい」というのは、ゴールセッティングが遠すぎます（そもそも、入ってどうしたいのか、が問題です）。それでは、絶対に続きません。**「夢は大きく、ゴールは近く」**。子どもたちによく伝える言葉です。そうやって、ゴールにたどり着いたら、また次のゴールが自然に見えてきます。ゴールセッティングができていなかったら、サジェスチョンをすればいいし、だんだんと自分でセットできるようになっていったら、手放していけばいい。ここのバランスが子どもたちの自律に関わる難しいところです。

　このように考えると、例えば先の「掃除時間」の提案はまさにビジョンとゴールセッティングがマッチしている事例になったのです。「掃除が早く終わる＝自分の自由な時間が増え、かつ教室がきれいになる」というビジョンがあり、そのために「達成可能な終了タイム」というゴールが設定されています。さらにそこで、そのゴールに迫るための工夫として、「分業」という方法を子どもたちが確立したわけです。授業づくりも全く同じです。「ここを探究してみれば、こんなことがわかりそう」というビジョンをちゃんと共有して、適切なゴールセッティングができれば、子どもは自然とのめり込みます。だって、学問っておもしろいんですから。

重要なことは、この手法を真似してほしいわけではない、ということです。この本の中でお示ししているいくつかの原理・原則が、もし参考になるならば、各学級の子どもたちの実態や先生方のそれこそビジョンに合わせて、各学級でオリジナルなシステムや実践をつくっていってほしいのです。そうして、先生方がもっている力を生かしながら、色とりどりの実践や学級がつくられていくことを、願ってやまないのです。「うちのクラス、こんな風にやってるんだよ！そしたらこんないいことがあったんだよ！」そんな喜びを先生方みんなが持てて、それを肴に子どもの成長を語り合う。こんな幸せなこと、ないと思うんですよね。しかし、ビールを飲むのは我慢して……

「教えたつもり」になっていませんか？

人は、本来、学ぶことのできる存在です。例えば、「学校」という仕組みが成立したのは、人類史的にはほんのわずかな期間なのであって、そうした社会システムがなくても、人は絶えず学んできたわけですから、決して学校というシステムが万能なわけではないことは明らかなはずです。それは、幼稚園や保育園の子どもたちに目を向けてみればよくわかります。彼らは、ことさら何かを「身につけるべきものだ」と教えられるわけではありません。しかし、他の友だちの姿から、身の回りにあるものから、音や光から影響を受けながら、興味のあることを見つけ、主体的に深めていますね。

「成熟社会」それが、日本社会の現状です。仮に「成熟」しているか否かに「？」が浮かぶとしても、少なくとも「殖産興業」「富国強兵」が叫ばれた明治初頭や、映画『ALWAYS三丁目の夕日』に象徴的に描かれる復興期のそれとは、大きく異なる状況であることに異論はないでしょう。そうした時代と比べて、人・モノ・情報、といったリソースにもあふれている世の中。極端なことを言えば、「先生なんかが教えなくったって情報は手に入る」し、下手をすると子どもたちが「先生以上に知っていること」なんて山ほどある時代なんです。

じゃあ、このような時代の学校・教育に求められるものは一体何か。**それは、「学ぶ意味や喜びの回復」**にあるとボクは思っています。あたり前のことですが、どんなにすばらしいリソースが身の回りにあっても、それを「生かそう」と思わなければ、それらに意味がありません。そもそも何かビジョンがあって、「つくりたい」「学びたい」と思えなければ、人はあふれているリソースにアクセスしませんよね。逆に言えば、何かビジョンや目標を掲げ、どうしたらそれがなしえるかを考えたとき、いわば「学ぶ意味を自ら見出した」とき、身の回りにあるリソースは燦然と輝きだし、そこに「意味」が宿るわけです。このように考えると、**「学び手にとって意味のあるもの」になってはじめて、先達の知恵は子どもたちにとって「腑に落ちたもの」として理解され、我がこととなるんです。**まさに、第一章で述べたアチーブメントというやつですね。

よくよく考えてみると、人が「学ぶ」とは本来そういうものであるはずです。例えば今、ボクが必死になって打っているキーボードも、何か表現したいことがあって、どうしたらそれが実現するのか、ということを考えるから、タイピングの仕方を覚えていくわけですし、もっと早く打ちたいな、と思うから、ショートカットキーについて調べたり、ブラインドタッチの練習をしたりするわけです。それらを、別にキーボードなんて必要でもないのに、「ショートカットキー、覚えておくと便利だよ」と言われたとしても、本人にすれば「何の話？」となりますし、きっと覚えていないことが多いでしょう。皆さんもそういう経験、あるのではないですか？

ほら、ボクたちだって、大して意味を感じない研修や、仕方なく参加した研究会で、居眠りをしていたり、ネットサーフィンに興じていたりするじゃないですか。「あ、仕方なくきたんだな」、僕が講師として話していて感じること、たくさんあります。それなのに、どうしてか我々教員は、子どもを相手にすると「いいから覚えておきなさい」と「我慢」を強い、「できるようになるとなんかいいことがある」と効果のわかりにくい知識の「貯金」を求めるわけなんですね。アナタも思っていませんでしたか？「これって何か意味あるの？」って。ここで、「いやいや、学びと学校とは違うよ」「学校教育の役割を考えるとそんな悠長なこと言っていられないんだよ」というお叱りの声が飛んできそうですが、果たして本当にそうでしょうか？

「成熟社会」ということは、裏を返すと「高度成長期」のような「右肩上がりの成長」を望めない、ということでもあります。換言すると、「貯金」をしておいたところで将来何かいいことがありそうだ、という見通しを持ちにくいということ。「貯金」をしておくことが「学ぶ価値ですよ」とは、もはや言いにくい時代なんですよね。

じゃあ、何が大切なのか。それは、「学ぶ価値」を自ら見出すことのできる力、主体的に考える力、数多あるリソースに自ら働きかけたり、それらを関連づけたりしてイノベーションを起こしていく力。そして何より、「僕（たち）」にとっての豊かさや幸せ」について問い、生み出していこうとするビジョンをもてる力が大事になるとボクは思います。**誰かが自分を幸せに、豊かにしてくれるわけじゃないんです。敷かれたレールに乗っていれば、ばら色の未来が待っているわけじゃないんです。**今をときめくイノベーターたちは、みんな口を揃えていいます。「自分がどうしたいか、何を成し遂げたいか、そのために何ができるかを自分に問うんだ」って。このことに、残念ながら多くの学校現場は気づいていないように思います。いつまでも「我慢」と「貯金」という時代に合わない思想を、自分の経験に基づいて押し付けている。子どもたちの「主体的・対話的で深い学び」から遠ざけているのは、実はボクたち教師かもしれません。

そもそも学校というシステムができた目的は、社会を機能させるのに有用な人材育成です。西洋から学校制度を輸入した明治時代、また、現代の日本の教育の礎となる戦後の復興期の社会において「有用」というのは基本的には「工業力」と「軍事力」ですよね。そしてそれが「右肩上がりの成長」を支えてきたわけです。だから、その時代の教育観を、あえて誤解を恐れず言うならば、「工業力」と「軍事力」の維持・発展のための道具づくり、という側面もあるでしょう。だから「体操」が重視されるし、画一に「できる」ことが尊ばれる。先生（＝教官）の言うことは絶対で、やりたいもやりたくないもへったくれもない。なぜならば、彼らは「道具」だからです。こう考えたら、たしかに「我慢」と「貯金」は役立つかもしれません。でも、そこでは「学びへの価値」も「自分がそれを学ぶ意味」も重視されていないってことを、忘れちゃいけません。

そして、もっと忘れちゃいけないのは、今の学校、そして授業は、その時代からほとんど何も変わらず——もちろんいろいろな工夫はされているかもしれませんが——そのまま続いている、ということ。黒板があって、みんながそこに向いて、出された課題をこなしていく。そりゃ、たしかに「できたら子どもは喜ぶ」かもしれないし、「わかったら楽しい」かもしれません。でも基を辿ると、「道具としての身体」を目指す思想がルーツにあって、それをなるべく楽しく実現されるよう工夫しているだけかもしれないってことを、ボクたちは「自分に問う」必要があると思うんです。アナタの「教えたつもり」「ちゃんとやらせたつもり」は、一体どこの誰のためですか？　実は、自分のためだったりして。

このように考えると、はっきり言って先生のいうことなんて聞いている場合じゃないと思うんです。今の時代。マシンみたいに言うこと聞いても、誰も未来を保証してくれないんですから。もっと大事なのは、ビジョンをもつこと、自由の意味を知ること、学ぶおもしろさを知り、その意味を自ら見出し、よりよい今を自分たちで模索していくこと。ボクは、授業を通して、素養を育んでいきたいな、と思っています。いや、育む、じゃないですね。だってそれは、本来みんなもっているものだから。それを引き出していく。ガンガン光らせていく。ボクの目指したい授業は、そんな授業です。

「導かれた発見」

ジョゼ・モウリーニョ。

名前を聞いて、ピンと来た方がいたら、きっとボクと話が合いますね。彼はボクのとっても尊敬するサッカー指導者です。まあ、ここでモウリーニョについてツラツラ語るとそれだけでこの本が終わってしまうので（笑）、興味のある方はぜひググってみてほしいのですが、ざっくり言うと、2000年代最高の監督の一人と言われている名将です。それで、どうして彼のことが好きかと言うと、それはただチームを勝たせるというだけじゃなくて、選手をうまくする、さらには、選手のもっている個性や特徴を最大限生かし、彼らをモチベートし、それでいて主体的な選手の集まりにすることを目指しているからなんです。これは、ボクの学級づくりのビジョンにすごく近いと、感銘を受けているわけです。

「導かれた発見」というのは、そのモウリーニョ氏の言葉です。どういうことかというと、簡単に言えば、「最適解は選手が教えてくれる」ということ。モウリーニョ氏は、このことについて「理解するより感覚的なもの」であるとし、「選手たちが間違うのを恐れず」「選手たちがどう反応するかを見てフォロー」し、選手のもっている力を引き出すことができるように、柔軟性を持ちながら「現実に対処することである」と述べています。彼は明確なビジョンの下、選手たちの個性を都度現場で引き出すことを徹底し、最強のチームを作り上げたのです。

これは、教育現場でも全く同じだとボクは思います。「言った通りにしなさい」「この通りに動きなさい」ということにほとんど意味を感じないボクにとって、教室というのは、教師と子どもたちによる相互行為によって成り立つ空間です。教師と子どもたちとの対話ややりとりによって、相互に影響し合いながら、よりよいものを練り上げていく空間です。

加えて、教師として学級に入る以上、「どういうクラスにしたいのか」というビジョンが不可欠です。そしてそれは、教師からの一方通行的なものでは成り立ちません。昨年度までのクラスの様子、人間関係、保護者と学校との関係、表情、子ども同士の些細な言動……そうした要素と自分の教育観とをすり合わせながら、その年の大きな方向性を決めるのです。

例えば昨年度は六年生を担任しているのですが、**ボクのビジョンは「やる気スイッチくらい自分でいれろ、ありたい自分の姿くらい、自分で描け」**でした。それが、昨年度のクラスの子どもたちがこれから中学校に進学しても、その先も、自分の人生を自分で切り開いていくために必要なことで、それがあの子たちが自分に自信と誇りをもっていきていく上で欠かせないことではないか、と考えたからです。

学級のシステム、授業の内容、日頃の声かけ、そうした要素は、できる限りすべてこのビジョンにつなげながら考えていきます。つまり、いろいろな活動や授業を、ビジョンで串刺しにして、統一したシステムを構築していくのです。本書の卒業生に寄せてもらったコラムでは、それぞれが自分なりのビジョンをもって今を生きている様子で素敵にはばたいていているな、と思いました。

昨年度の子どもたちには「このようにすべきだ」「こうしなくちゃいけない」といったようなことは一度も言いませんでした。それを、自分で見出せるようになってほしい。それが昨年度のビジョンだったからです。授業も、できるだけオープンエンドな授業、つまり、一人一人の意見や考えがさまざまになるような授業をセットしていきます。体育でも、「このようにプレイしなさい」とは言いません。考える材料は、必要に応じて提供したり、サジェスチョンしたりはしますが、それらをどう生かしていくのか、実際に考えて実行するのは子どもたち、となるように単元を組んでいきました。

このように、可能な限り、自分のビジョンと学級の諸要素とを連関させて、統一させたシステムをともに作り上げていくのです。勘違いしてはいけないのは、それが「型にはめる」ことではない、ということ。あくまでも指針を示す。それを受け止め、実際に行動するのはあくまでも子どもたちでなければならないとボクは考えています。

このようにすると、まず、子どもたちのマインドセットが変わっていきます。答えが一つであるという当たり前が消え、一人一人意見は異なってしかるべきだ、ということがわかってきます。むしろ、違う意見があるからこそ自分の考えがブラッシュアップされていくということを実感できるようになってくると、異なる意見を聞いてみたい、と語るようになってくるわけです。

このように、ビジョンを中核としたシステムを構築した上で、あとは子どもたちの意見や様子、反応を自分のビジョンと照らし合わせながら、活動の詳細を決めたり、発問の内容を変更したりします。ビジョンにマッチしている思えば、当初計画していた活動自体を変更することすらあります。子どもたちとともに自分のプランをたえず修正し、ビジョンに迫るための次の一手を考え、子どもたちに提案したり、意見を取り入れたりしながら、毎日を進めていくわけです。

肝心なのは、「計画通りに進めること」「自分の思い通りにすること」ではないはずです。自分は自分であっていいんだ、と感じられ、次にこんなことをしたみたい、そんな風に彼ら自身が思えて、学ぶことや活動に自ら意味を見出していく、そんな姿であると思います。自分の計画したことが、それに逆行すると思えば、やめるべきですし、子どもたちの意見が、それにより近づけると思えば、計画を変更して取り入れるべきです。このように、最適解は計画しておくものではなく、たえず教師と子どもの相互作用によって「導かれていくもの」であるとボクは考えています。

同じ学年、同じ教材を扱っても、同じように単元が進むことはないです。

ボクは、「単元計画」と呼ばれるものを作成するのが苦手です。「幹」がはっきりしていて、夢中に誘うことができれば、あとは子どもたちと一緒に作り上げていくイメージだからです。もちろん、「幹」に触れられるように、という指針がブレないようにコーディネートするのですが、それは、事前にありえる場合を想定しておくことはできても、事前に計画しておくことはできないはずだと考えるからです。

そうした意味で、これからの学校、教師のあり方を考えた時に、「導かれた発見」によって多種多様な実践が生まれてくるべきだと思っています。そもそも、「幹」に触れることができれば、それが「おもしろくて魅力的」なものであるが故に、自分で問いや気付きを生み出すことができるようになっていきます。そんな中で、こちらの想定を超える意見や問いが生まれた瞬間こそが、ボクにとってのこの仕事のおもしろさです。「おー、そうきたか」「確かにそれもありだね！」という発見を、子どもたちから教えてもらえる。こんな幸せなことないですよね。それを、計画通りに制御しようとすること自体が、「学び」という観点で見れば、本来おかしなことです。「主体的対話的で深い学び」の視点からの授業改善が求められる昨今だからこそ、授業のあり方、指導案のあり方、そうした「当たり前」を見直す時期に差し掛かっているように思います。

「導かれた発見」で、子どもたちの参加を促し、彼らのもっている力、よりよいパフォーマンス、思考を引き出していきましょう。

「肯定的教育」による「学び」とは

藤原佳見

僕が三年間お世話になった久保先生について、生徒のパーソナルアイデンティティーを重視した、「肯定的教育」が印象に残っています。生徒の気持ちに寄り添って、多様な価値観を認め、失敗を非難せず、革新的な「学び」として尊重してくれる姿勢です。

今になって振り返ると先生の数多くの意見に啓発されました。この教えと今後の日本社会の在り方について考えます。

久保先生は、「肯定的教育」について、定期的に配布したお便りなどで『学ぶ』ことを肯定的に認識させ、意欲を高めることで、努力精神を錬磨するもの」と明示されました。「肯定的教育」の効果として、自らの学びを高めていくエンパワーメントの有用性が示されているものと感じます。

さて、日本の教育では「失敗」が容認されにくい傾向にあり、こうした失敗と挑戦によって新たな発見に向かう「学び」の本質的なことがあまり理解されていない気がします。最近、新型コロナウイルスの世界的な感染拡大によって社会活動が大きく変容したことで、日本の課題が顕在化しました。海外からの流入人口の激減で労働力が著しい低下や、自国第一主義の考え方による、国家権力の肥大化と政治的対立の深刻化などです。

今後はさらにグローバリゼーションが拡大すると、世界を相手とした企業間の技術競争や、それに伴う経済的消耗も拍車の一途をたどるでしょう。

異文化の理解／受容と、「日本らしさ」と呼ばれる文化や知恵の継承を両輪として、進んでいかなければなりません。そんな中、久保先生のクラスでは「みんな将軍」という標語があり、交流の中でみな一層精進を重ねる経験が生きてくると感じます。

長いようで短かった三年間、久保先生とは、忘れることのない価値の高い日々を送りました。この「肯定的教育」は、自分自身の精神に大きな影響を与えてくれた、とても革新的で情熱的な「学び」でした。

改めて、三年間、お世話になりました。ありがとうございました。

「あり得ること」の地平を広げる

高学年の女子児童が三名、廊下で話をしています。しきりに周囲を気にしていて、雰囲気は異質です。あなたなら、次にどういった行動を取りますか？

①「どうしたの？」などと声をかける
②見て見ぬふりをする
③何か怪しげなこと、よからぬことを企てているのではないかと考え、今後の行動を注視しようとする

冒頭の状況であれば、あらかたこのくらいの選択肢が想定されるでしょう（瞬時にこうした選択肢が頭に浮かぶ必要があるとも言えます）。

みなさんなら、どうするでしょうか。

ここで、仮に①の選択肢を選んだとしましょう。そのとき、たいていの場合は、「その話をパッと切り上げる」姿に出くわすと思います。とても気まずそうな顔を

して「いや、なんでもないです」と。

心理学的に考えると、「その子たちの素の関係や会話は、そう簡単には先生にはみせない」という前提を理解しておく必要があります。第1章でお示しした「ダブルバインド」というアレです。そう言われると、途端に不安感に襲われる方もいるでしょう。ですが、よくよく考えてみれば、これは当たり前のことです。

例えば、同僚と、他愛もない話をしているときに、自分よりも立場が上であまり交流のない人が通りかかって、「何の話をしているのですか？」と言われれば、先の女の子たちと同じような反応にならざるを得ないはずです。

要するに、**「立場が違う」という前提のもとでは、そう簡単に思ったことを発言したり、表現したりといったことはできない**のです。このように考えると、学級での活動でも同じことが言えます。「きちんとしなさい」「言うことをききなさい」という「立場が上の人」からの無言のメッセージ（こういうのを、「メタメッセージ」と言います）に晒されている環境下では、そう簡単に本当の姿は曝け出せないのです。

こうした状況に置かれた子どもたちに対して、「児童理解」に努めたところで、はっきりいって「仮面」を見ているのと変わらないことになります。だから、子どもたちの仮面の姿でしかない特長を書き溜めていくような「児童理解」はうまくいかないのではないか、と考えます。

ボクは、子どもたちに「先生というより先輩」という感じで接し、一緒に学んでいこう、教室を作って行こうと子どもたちと関わっていきますが、どこまで信頼関係を結んでも「先生」です。何でも話してくれる関係にはそう簡単になりませんし、何でも話せる関係がいいか、というと、必要な言葉が届かなくなることもあります。

さて、「立場が違う」という前提の上で、さらに問題な対応は③です。何か怪しいのではないか、と思って注視したり、「最近こそこそ話している人が多いです」と全体に諭すような姿勢で介入したりすると、そうした「教師まなざし」をほとんどの子どもたちは感じ、「警戒」します。特に悪だくみをしていないのに、「陰口をしてるのではないか」など言われのない疑いである場合には子どもたちは「離反」します。

「内緒話しているからきっと何か悪い火種があるのだろう」という決めつけ。これはリスクヘッジの上では大切な心の初動だと思いますが、子どもからすると、ありのままの姿を奪われているような気分になり、心の距離を遠ざけてしまうのです。

まず、完璧に誰が見ても善良な人間、善良な状態なんてありえません。いいところと良くないところ、本音と建前があるのは、むしろ当たり前ですし、ある事柄を「善」で、ある事柄を「悪」と捉える見方それ自体、かなり疑わしいものです。「きっと〇〇だろう」と決めてから関わることは自信がある人ほどやってしまいがちですが、子どもたちを抑圧していたり、最悪の場合すでに離反されていて円満な関係は表面的なものだったりして、すでにトラブルが見えないところで進行していることだってあるのです。

『鬼滅の刃』（吾峠呼世晴、集英社）という漫画が大ヒットしています。ご覧になったかたも多いのではないかと思うのですが、あの作品では一般的な「善悪」に対する固定的な見方にダウトをかける場面が散見されます。人間を食らう鬼も元は人間。劣悪な環境で、そもそも人間扱いされていなかったから、鬼になって復讐する鬼もいます。人を食らう「悪」の前に、人による「悪」がある。子どもたちが悪いことをたくらんでいるとき、もしかしたらもっと悪いものが彼らをむしばんでいるかもしれない。

何かを「善」で、何かを「悪」とする見方それ自体、誰かの勝手な見方にすぎないわけですし、人がいろんな一面をもっていること自体、なんらおかしなことではないわけです。

冒頭の三択、ボクなら、子どもとの関係、場合にもよりますが、基本的には②を選びます。「あ、そういう顔をするときもあるんだ」「あ、授業中とは違う様子の場面もあるんだ」と、自分の中の子どもの様子を記録するフォルダにいれておくわけです。そして、「どうしてそういう顔をしているのだろう」「何があの三人を結びつけているのだろう」などと、過去の「その子」の事実と照合しながら、類推をします。

肝心なことは、「決めつけ」てはいけないということ。説得力をもって類推できたとしても、あくまでも暫定解であって、また新しいその子の姿をもとに、絶えず更新され得るものでなくてはなりません。その上で、声をかけたり様子を伺ったりしたほうがいいかどうかは、自分のビジョンと照らし合わせて考えるわけです。

そのビジョンは？　5月で紹介しましたが、去年のボクの場合は教師としてのビジョンを「ありたい自分の姿くらい、自分で描け」としていました。あらゆる状況に置いて、判断の基準はまず、「その子がその子らしくそこにいる」かどうかになります。

3人でこそこそ話している様子が、何か悩みを抱えていたり、困りごとがあったり、意欲や自信を失っている、と類推したりしたときには、タイミングを見計らって（このタイミングがまた重要になるのですが）アプローチすることを考えます。少なくとも、目の前に見える姿から、「その子らしくいるかはさておき、何かトラブルの火種になりそうだから」と判断して声かけすることはしないようにしています。

その子を知る、本当の「児童理解」のためには、**表面的な現象による判断を、「ひとまず棚に上げる」（エポケー）こと**が欠かせないとボクは考えています。つまり、その子を「見る」ときには、その子からあえて（心理的な）距離をとる必要があるということです。なぜならば、私たち自身が、基本的に自分の「思い込み」の中で生きているからです。「見れば見るほど分からなくなる」場合があるのです。

このことについて考えてみるために、ほかに例を挙げてみます。

ある日、教室に入ると、いつもはニコニコ明るいＡさんが、なんだか不機嫌そう。「あれ、いつもと様子が違うぞ」と、まず感じます。そして、ボクは「思い込み」に支配され、「喧嘩したのかな」「何かトラブった？」など悲観的に想像を膨らませる。また、知らず知らずのうちに、「自分が不機嫌であったとき」の心境を想起し、それと重ね合わせようとするのが、トラブル回避を前提とした心理としては、当然の心の動きです。

人間は見える「世界」でしか生きられません。人の気持ちを想像するにも自分の経験と重ね合わせる以外に方法がないからです。

肝心なのは、この瞬間に、そうした自分と「距離をとる」ことです。つまり、表面的な判断を一時留保すること。「何があったんだろう」「どういう気持ちなんだろう」ということを考えながらも、その思いとあえて距離をとって、その子を観察するわけです。**できれば、「まるで全く気にしていないかのように」**。

他の子と話しているときに横目で見る。一回教室から出て廊下から見る。休み時間に教卓で何か作業しているふりをして視界にいれておく。

そうすると、だんだんといろんなことが見えてきます。点と点が結ばれて星座という物語を共有できるように。いつもまばゆく見える一等星だけを見ていても、「児童理解」することはできません。

朝は不機嫌だった。休憩時間はいつものメンバーでサッカーしにいかなかった。でも、普段あまり話しかけられない子に話しかけられて何やら会話しているな。このように、教師の介入のない状態の子どもの事実を更新していきます。そして一定のところで、「その子もそういう顔をすることがあって、〇〇な心境のときには不機嫌になるのか？」と、暫定解を更新します。その連続でしか、子どもたちの真の姿には出会えないし、やりたいことを引き出すことはできないと思うのです。

こうした継続的な関係の構築は、教師にとってもメリットがあります。自分のその子への見方が更新されていくということは、「自分自身が更新されていく」、ちょっと難しく言えば、**「自分の経験世界が広がる」**ということです。その子を知る、ということは、つまり教師である自分自身の経験世界が広がること意味するわけです。

それをボクは、**「ありえることの地平を広げる」**と呼んでいます。そのために、

・現象を見た自分の主観的な判断を一旦留保する（＝距離をとる）
・まるで見ていないかのように彼らの様子を見る

という二つの方法を主に採用しています。

先ほどの女子児童三人の例で言えば、基本的にボクは近づきません。全く気にするそぶりを見せずにその子たちを見る。そうやって、「ありえること」を広げていくわけです。そして、広がった「ありえること」にまた、自分の主観的な思いを重ねていくわけです。実際には陰口を言っていたとして、「まあ、たしかに、そういう気持ちになることもあるよな」「まあ、嫌なことの一つや二つ、あるわな」などというように。ここにメスを入れるかどうかはまた別問題。

何か聞いてほしそうなタイミングが来て「どうしたの？」と聞いたら「実はね、好きな人がいてさ……」。「そっちか！」となることもしばしば。結構本気で悩んでいたら、「おう、誰のことが好きで、どういう状態なんだ」と真剣に「恋バナ」に向き合うことが、ビジョンにつながることもあります。

子どもは子どもなりの等身大で悩んでいるのです。先ほどいったように、何かアプローチをすることがその子にとってプラスなのかマイナスなのかは、ビジョンに照らして考えて決めればいいこと。一番やってはいけないのは、「指導しなくちゃいけないから指導する」というスタンスです。そうやって権威性を振りかざす人に、絶対に子どもは心を開いてはくれません。

こうやって、教師である自分自身の経験世界を広げること、つまり、自分を子どもにアジャスト（順応）させていくことで、「全く同じ経験はしていないから、何か君にこうすればいい、と言えないけれども、気持ちはわかる」という状況をどんどんつくりだすことができるわけです。

このスタンスで会話を積み重ねていけば、彼らは自然と自分の思いを語ってくれるようになります。「その子と自分との共通世界をつくりだす」とでも言えるでしょうか。オトナだって、同じはずです。愚痴るときというのは自分にも非があると分かっていることがほとんどです。それを、「お前に問題がある」とスパッと言う人に、相談したくないでしょ？

「カリスマ」になればなるほど

学校というシステムは、基本的に「教師－子ども」＝「教育－被教育」というタテ関係によって成り立っています。そうした権威性が働く空間では、基本的に子どもたちが「ありのままの自分」でいることは難しいことだと言わざるを得ません。さらに悪い環境では、教師が思った通りに動かなかったら怒られるわけですから、なおのことです。

つまり、**教育者の主観的世界に、被教育者である子どもがアジャスト（適応）することで成り立つシステムである**といえるでしょう。まあ、もっと過激に言えば、アジャストできた人だけが生き残れる、と言うわけです。厳しい先生のクラスを見させていただくと、「学級は落ち着いているけど、表情がなくなってきた」ということがありますよね？　教師が「パンパン」と二発手を叩いたら、子どもは話をやめて前を見る、という風に訓練されている場合も聞いたことがありますが、まさに子どもが教師にアジャストしてあげている状況です。この権力構造をひとまず打破することが、子どもたちと良い関係を築くための第一歩です。残念ながらそれに気づかないと、子どもたちを従属させ続けるだけになります。それで「主体的な学び」なんて、できるわけがない。

さて、今までであってきた先生を見ていると、このことに気づかない先生は、子どもとの距離がどんどん開いてしまっていて、その距離をよせようと表面的な指導力を向上する方へ走り、より強い「軍隊」がつくられていくような気がします。しかし、この「根本的な構造のズレ」に気づき、その解消に取り組まなければ、一層事態が悪化することさえあると思っています。

「こうやればうまくいくはず」「このパターンでいけば授業はまわる」「前はこのようにやった」。そうした思いや経験が、子どもを「あなただけの世界」で見るようになってしまいます。つまり、それを一度留保し、彼らにとってどうなのか、ということを考えることができなくなっていくわけです。「あれ、前はうまく行ったんだけど、どうしてうまくいかないんだろう」と、立ち止まることができればまだよいのですが、うまくいかない原因を子どもたちに押し付けるという事態が発生することさえあるわけです。「今年の学級の子たちは落ち着きがないから……」など、そうした責任逃れの発言をボクはたくさん見ました。

これは、小学校教員のみならず、他のジャンルでの指導現場でも、全く同じ状況が見られるように思うんです。

例えば、スポーツ指導の現場なんかは、それが顕著です。指導力があると言われ、よい成績を挙げている指導者ほど、選手との距離は離れており、裏で悪口を言われている、なんていう事例は数多くあります。アジャストするには「はい」か「イエス」か「よろこんで」しかないわけですから、選手たちはまるで「マシン」のように、指導者の顔色を窺ってプレイするより他ないわけです。

残念ながら、日本のスポーツ指導の現場も、学校現場も、この旧態依然とした指導観から脱却できていないような気がします。ですが、よくよく考えてみると、教師と子どもであろうと、指導者と選手であろうと、そこでのコミュニケーションや意思決定は、「やりとり」によって、ちょっと難しく言えば「相互行為」によって生まれるべきものであるはずです。モウリーニョ氏、ゲスの極み乙女。

そもそも教師は、主体的な人間である子どもたちの明るい未来のために教師をしているのではないのでしょうか。彼ら自身が自分たちの意思で行動したり学んだりしたりできるようになってほしいと願っていないのでしょうか。もちろん、指導技術も、経験も、教材への深い理解も、ないよりはあったほうがいい。多様な学びを導くために手元に用意しておく材料は少ないよりは多いほうがいい。ですが、それはあくまでも「素材」であって、それが全てではありません。**肝心なのは、学び手**

である彼らにとって有用なものか、彼らが役立ったと思えるかどうか、彼らがやりたい方向性にマッチしたものなのかどうかです。彼らは彼らの人生を生きていくのであって、ボクらは一生面倒をみられるわけではありません。だからこそ、彼らがどう感じるのか、が重要なのです。

子どもの主体的な姿と向き合うために、自分の「思い込み」を一旦留保して、彼らの視点にたってみる。そこから、教師自身の「ありえること」も広げていく。一方向ではなく、双方向のやりとりで、文字通り「Communication＝Common（共通の）」を作っていく。その中で、彼らが未来を描けるように、そしてその描いた未来に自分で自信がもてるように、「お手伝い」をしていくという意識です。

このことについて考える上で、漫画『スラムダンク』（井上雄彦、集英社）の安西先生の生徒への関わり方がとってもわかりやすいと思っています（読んだことない人、ごめんなさい。読んでみてください）。

若かりし頃、大学バスケット界きっての名将だった安西先生。とんでもないスパルタ指導者として描かれています。選手たちは安西先生の顔色を窺い、それこそマシンのように行動しているのですが、その中に一人、矢沢という選手が登場します。矢沢は、スパルタで基礎を徹底する安西先生を毛嫌いし、単身アメリカに飛び立つのです。しかし、アメリカでの挑戦は思うようにいかず、数年後、交通事故で帰らぬ人となってしまいます。

時はたち、主人公たちのいる湘北高校の指導者となった安西先生。またもやアメリカ行きを志願する流川《るかわ》という選手に出会います。彼のアメリカに行きたい理由はこの時点では「もっと上手くなりたい。ただそれだけす」。かつての安西先生であれば、問答無用で突っぱねていたと思いますが、まずは流川の話にじっくり耳を傾けることを選ぶのです。ここで、自分の考えをあえて留保し（主観性からの距離化）、流川の願いに耳を傾け（表面的な判断の留保）、その上で矢沢の事例を思い起こし、流川の思いを理解しようとします（共通世界の構築）。まさに、矢沢の経験に学び、流川の存在によって、安西先生自身の「ありえること」の範囲が拡張している瞬間であると言うことができるような気がするんです。悩んでいる子ども／プレーヤーを前に、「では、なんて声かけするのがいいのか」というのは、ここではじめて考えることができるんです。できる出来ないを端から決め付けていては、伸びる可能性の芽を摘んでしまう危険があります。

できれば、次の行動の指針になるような言葉がいい。流川は天才肌で、同世代の選手の中では並外れてセンスがいい。でも単調なオフェンスなど、まだまだ伸びしろのある選手です。ここで安西先生はこういいます。「とりあえず、君は日本一の高校生になりなさい」

くー、しびれますね（笑）。こんな風に言われたら、がんばりたくなるでしょ、そりゃ。その日から、流川はこれまでにも増して、狂ったように練習に打ち込むようになります。矢沢に教えたかった基礎練習にも、言われずとも自分で取り組む流川。ここも、安西先生が矢沢の失敗から学んだことなのかもしれません。言ってみれば、「カリスマ指導者」から、「未来へ誘うメンター」へと生まれ変わったと言えるでしょう。

肝心なことは、どうやって「自分がやろう」と思えるか。そして、そうやってがんばっている自分に「自分で自信がもてるかどうか」。そのために、何ができるのかをボクたちも考えないといけない、そう思わせるシーンです。

教師としてじゃなくて、人間として、考えてみてください。みなさんだって、自分が信頼できたり、相談できたり、影響を受けたりするような人たちも、きっと「押し付ける」人たちじゃなくて、「わかってくれて、導いてくれる」そんな人じゃないですか？　ほら、先生の言うことは聞きたくないけど、わかってくれる先輩はめっちゃ信頼できる、みたいな。

そんな、「近所の兄ちゃん」みたいなスタンス、「タテ」の関係ではなくて、「ナナメ」くらいの関係が、これからの教師には求められるような気がしています。ボクはだらしなさすぎて、ナナメ以下になってしまって、子どもたちに導かれることもまだまだたくさんあるのですけれど（笑）。

「オトナのレッテル」を剥がせ！子どもは誰でも蘇る

「いい子」という言葉がありますね。ボクはこの言葉が嫌いです。

誰かが勝手に決めた尺度で、「いい」とか「悪い」とか判断してレッテルを貼るのって、フェアじゃないと思うから。そんなの、オトナだっていやなはずですよ。そもそも、子どもたちはみんな「いい子」です。たまたま今あるシステムや尺度に合わないだけで、違う環境や場面ではすごく力を発揮する、なんていうことはよくある話です。だから、「授業を子どもにあわせる」という発想が必要になる、ということはすでにお話したとおりです。

ただ、悲しいことに、そうではなくって、オトナが（社会が）貼ったレッテルに苦しめられている子って、実はとっても多いような気がしています。**子どもたちの周りにいるオトナ。当然そのオトナの「ものの見方」に影響を受ける。**そうした周囲から浴びせかけられるレッテルや視線に苦しむと、子どもは表情を失ってしまいます。それでいろいろ気にして行動するから目つきが悪くなっているのに「お前、目つき悪いぞ！」なんて、いやいや、その目つきを生み出しているのがアナタのものの見方ですよ、っていう話で、「お言葉ですがアナタの目つきこそなかなかですよ」ってことなのです。

そうした、周りの評価を気にして自分を殺してしまっている子に出会ったら、できればこの一年間で、教室で自然に自分のやりたいことを出せるようになってほしいな、なんてことを思います。

以前、担任していた子で、ツヨシ君という男の子がいました。体が大きく、ヤンチャでぶっきらぼう。まあ、わかりやすく言えば「感じ悪い」男の子です。すぐに小言をいう、ふてくされる。やる気がないことを態度に出す、そんな様子も見られました。なんでこんな暴力的なニヒリストなんだろう。彼がどうにか自分のやりたいことの範囲が広がったり、やるべきことに意味を出せたりする方向に変わっていくことをガイドすることはできないか。担任として彼と関わるようになってから、常に考えていたことの一つでした。

ある日、廊下を歩いていると、彼が一年生と話をしていました。しゃがんで一年生の背丈に合わせて、微笑みかけながら話を聞いているのです。教室にいる彼からは想像ができません。何より驚いたのはその声色です。「大丈夫？学校は楽しいかい？」。普段聞いたことのない声で話しかけるツヨシ君。ボクは、見ているということを悟られないように、遠くからの姿を見守り、そして考えました。「この子は、別に根っからヤンチャな子では別にない。むしろとっても繊細でピュアなんじゃないか」

翌日、一年生との関わりのことについて、彼に伝えると、照れ臭そうに「いや、まあ、ね。一年生だから、ほら」とボソボソいって立ち去っていきましたが、目には笑みが浮かんでいます。ここでさらにボクにとっての彼の「ありえること」の範囲は拡張されていきます。

「褒められるとあんなに嬉しそうにするのか。むしろ、褒められることを渇望しているのではないか」。所属している集団に「参加」したい、自分の関わりや取り組みを認めてほしい気持ちがあるのでは。それがうまくいかないからふてくされているのでは。彼はそうした些細な出来事を見つけられ、声をかけてくれた自体ことが嬉しかったのかもしれない。普段は恥ずかしくて言えないけれど、ことさらみんなに自慢することでもないけれど、一応、自分だってがんばっているんだけどな。そんな風に感じているのかもしれない。そんな仮説を立てていくわけです。

オトナは毎日すぎていく「あたりまえ」の中で、そうした声かけを怠ってしまうことがままあります。ボクらオトナにとっては「あたりまえ」に感じられることであっても、彼らにとっては大きな一歩である、ということはたくさんあるのです。ボクは、できるだけその一歩を見逃したくない。そして、その一歩を認め、肯定していくことが人間理解につながっていると思います。続きます。

また別の日、今度は特別活動で低学年との異学年交流の時間がありました。そこで彼は、低学年の子どもたちに話を聞かせ、注意点を丁寧に説明し、なかなか話が聞けない子には「ちゃんと聞いて」と指摘をしていました。やっぱり、年下の子の前では素直になれるのだろうか。

ただ、この言い方がキツイ（笑）。そんなに強く言わなくても……と思わせるような強い口ぶりでした。おいおい。ただ、ここで彼に「低学年にそんな言い方しちゃいけない」と注意することはできませんでした。もしかしたら、一般的にはそう言うべきだったのかもしれません。ですが、ツヨシ君の「ありえること」、そして彼になってほしい姿を考えた時に、ここでいきなり口調でもって指摘するのは、プラスに働かないような気がしたのです。

そこで、「ツヨシ、ちゃんと低学年に大切なことを伝えてくれてありがとう。まとめ方、よかったよ。頼りになる」と、ポジティブな面を評価しました。ツヨシはまんざらでもなさそう。また、あのもじもじとした笑みを浮かべました。

その上で、「気持ちはわかるけど、もう少し優しくいうと、もっとツヨシの言いたいことが伝わると思うから、次回、そうやってごらん？」と伝えました。第一章でもご紹介した**「肯定的声かけ」からの「矯正的声かけ」**というアレです。

信頼関係がまだ築けていないと思われるときには、なおさらです。ここでいきなり矯正から入ったり、ましてや否定的声かけをしてしまったりすると、頑張る気持ちが萎えてしまいます。

一応、彼なりに張り切ってやっているんです。普段、教室ではできないことを、見せられない姿を、低学年の前でやろうとしているんです。その一歩を、まずは認めたい。その上で、もっとよくなってほしい。本人には、もっとよくなる方法を示しておきながら、クラス全体には、彼の取り組みを紹介して、賞賛しました。すると、「そうなんですそうなんです。がんばってるんです、おれ」と嬉しそうに微笑みます。「おー、すごいじゃん、ツヨシ」と周りの子。ずいぶん、硬かった表情が柔らかくなっていました。それも、「一年生とのやりとり」を目撃し、彼の「ありえること」の範囲が広がっていたからこそできたタクトでした。

　すると翌日、突然彼がボクに話しかけてきました。「先生、バスケしない？」今までには考えられません。どちらかというとオトナを警戒していました。そして連日、「先生、バスケしようよ」「ねえ、先生、あの番組、みた？」など、やたら話しかけてくるようになりました。この出来事から、彼の「ありえること」はまた広がります。「あ、ほんとはかまってちゃんなんだな」「ほんとは、自分のことみてほしい子なんだな」。

　そして、自分の経験と重ねるのです。「自分もそういうことあったな。そのとき、どんな気持ちだっただろう」。こうやって、ボクとツヨシの相互行為によって、お互いの関わりは深くなって行き、少しずつ、彼の考えていることがわかるようになっていきました。

　今、わかる、と言いましたが、ようやく一部で、まだほとんど「わからない」んです。相手のことというのは、結局どこまでいってもわからないものなんです。わかりそうで、わからない。だから、わかろうとする。「ありえること」の範囲を広げていく。「こうじゃないかな？」と仮説を立てる。それは絶えず暫定的で、棄却される可能性と隣り合わせである……。そうやって繰り返しながら、だんだんと共通世界をつくっていく。

しばらくして学年集会の日。学年主任の話に、なにやらまた悪態をついています。信頼関係を築けてきたと思った今度は、すぐに彼を呼んで、笑いながら「ブツブツ小言をいうんじゃないよーまったく（笑）」と声をかけました。すると、「言われると思ってましたー！すいませーん！」と笑いながら戻っていきます。まっすぐに指摘されるとうろたえてしまう彼の一面を、日頃の授業の様子を見ながら把握していたから。それ以来、彼がそうした態度をとることはなくなりました。

笑顔を見せることが多くなった彼は、その後すっかりクラスの中心にいることが増えました。さまざまな活動を先導しながら、周りを盛り上げながら、そして、他の子の失敗を受け入れながら、笑顔で生活することができるようになっていったのでした。

さて、このように**「まるで見ていないかのように見る」**こと、そして、表面的な判断を留保し、**相手の「ありえること」**を広げながら、一方で、**「今の彼をそうさせているものはなんだろう」**という原因も探っていきます（次頁図）。

人間は環境に依存した動物ですから、「ありのままの自分」に近い形で、居心地よく生活ができていないのだとしたら、何かそれに歯止めをかけているものがあるはずです。

彼自身への声かけ、アプローチと並行して、それを取り巻く周囲の環境への働きかけについても考えていくわけです。保護者の家庭での関わり方に原因があるのだとしたら、それを伝えるべきか、伝えないべきか考えなければなりません。例えば男子児童が全体的に同じようなムードなのだとしたら、それを払拭できるような授業を——そうしたときには体育や算数が多いですが——を意図的に配置するとともに、授業とは別に時間をとってマインドセットに関わる話をすることもあります。

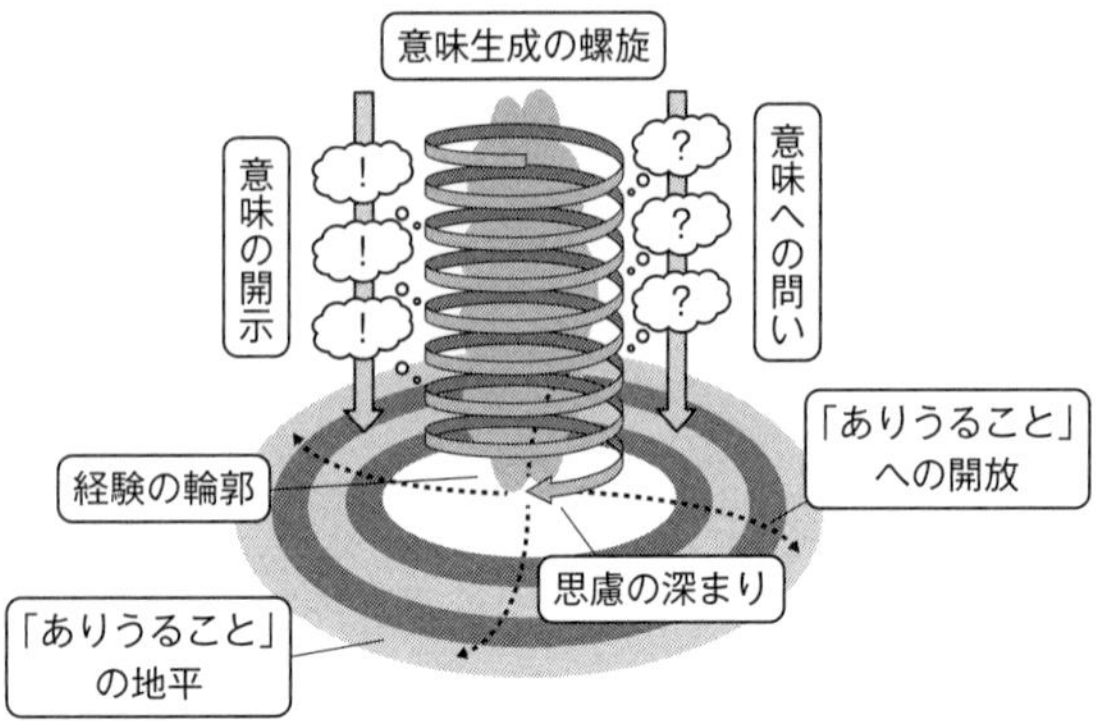

例えば算数では、ゲーム要素を取り入れた授業を行います。このときにやったのは「一攫千金ゲーム」。一人10ポイント持っていて、小数の書かれたクジを引きます。引いたクジに書かれていた数字を、自分の持ち点にかけ

ていくのです。クジを引く回数はと時と場合によりますが。こうして、楽しい空気の中で「小数のかけ算」を学んでいく。さらに、「予定調和が崩れる」ような状況を作り出していく。その上で、規則性について学んでいきました。

また、体育では、障害物リレーを行いました。といっても、普通の障害物リレーではありません。チームで「障害物コースをつくる」リレーです。つかっていいのは体育館にある用具全部（笑）。「○個まで使っていいよ」と制限をかけておきます。できたら、他のチームつくったコースでタイムトライアルをするわけです。このタイムトライアルも独特で、「自分が作ったコースを走ったチームが何秒かかったのか」を競うゲーム。一番時間がかかったコースをつくったチームの勝ちです（笑）。いわゆる「足の速い」子が活躍できる授業ではなく、「頭をつかったチームが勝てる」リレーに。こうしてまた「予定調和を崩す」ことで、笑いとアットホームな空気が生まれ、さらに子どもたち自身がもつ「固定的なものの見方」を崩していきました。

計算が速い、足が速い、といった個人差や技能差は簡単には埋められないけれど、チームで頭を使って工夫することはみんなができる。つまり、「予定調和」を崩す「イコールコンディション」を作って、彼らの価値観も変えていくことをねらいました。

彼自身へのタクトと、彼を取り巻く周囲の環境へのタクト。その両面を連動させていくことが欠かせません。これも、繰り返しになりますがこの働きかけの中核にはビジョンがあります。

目指すべき方向に向かう運動を子どもたちとともに進めていきながら、その道中で「あ、自分、なんか変わったかも」と彼ら自身が感じられるのを、サポートし、応援していくわけです。

自ら行う　納得がいくまで

金子凜々子

「“自分1人が言っても無駄だ”そんなことはない！あなたが願いを持つのです。そして、自分の中の自分と対話するのです。」

この言葉は、卒業式の後の授業で久保先生から私が最後に受け取った言葉です。

小学校生活の半分、4年〜6年生の3年間、久保先生が担任になってから色々な事が変わりました。そのひとつとして、私は3年生のときまで人前で話す機会が少なかったせいか、考えを持つこと、自ら手を挙げて発言をすることをあまりしてきていませんでした。それは、まだ低学年だったから先生方が答えを導いてくれたり、チャンスを与えてくれたからだと思います。しかし、久保先生は違いました。あえて何も言わず、自分たちだけで話す機会を多く設けてくれました。また、人生で必要な話や久保先生が経験した雑談話などをたくさん聞き、学びました。日頃からこのような教育を受けていたから、自分の意見を持ち周りに発信していく大切さがわかったのです。そして、クラス内では〇〇ちゃんがこうだから私もこうしよう、みんなこうだから私もそうしようとするのではなく、1人1人が自分なりの考えを持ち対等に議論をし、納得のいく答えがでるまで久保先生は時間をくれました。このように1つ1つ丁寧にクラスで課題を解決し学んでいくことで、1人1人が耀き、より良いクラスになっていったのだと、今更ですが改めて考えて気付きました。

この言葉は小学生向けの言葉ではないと思っています。私は中学生になり、久保先生から学んだことを生かし、より良いクラスを創るため、学級委員になりました。そして、自分の考え、願いを大切に発信しています。中学生になると、仲のいい人と同じ意見にしよう、言い合うのが面倒だからみんなに合わせようとしたくなりますが、私はどんな時もより良いクラス創りのため、また自分自身の成長のため、その言葉を大切にして生活しています。

「自分1人が言っても無駄だ」久保先生に出会っていなければこう思っていたかもしれません。けれど、必ず「こうしたいという願い」を持って、自分と自分の中の自分と対話をし、発信することで結果がどうであれ後悔することなく、自分の財産として残るのです。それは、久保先生との3年間がそうだったからです。

私は貴重な3年間の豊富な経験と久保先生の言葉を財産により良い世界を創ります。
クボケンとすごした3年間は最高だったけど、今も悪くないよ。
クボケンありがとう。

TaskとAchievement

「ぼくは、最初のうち、一人で攻めて、決めていて、それがたのしかったけど、自分たちが望んでいた攻め方ができたとき、今まではなんだったんだろう、と変に思ってしまうほど、気持ちよかったです。そして、もっとやりたいと思うほど楽しかったです。そして、もっと深くなれた気がした。今まではうまい人が言って、それにしたがっていたけど、だんだんと、みんなで高められて、ほんとにうまい下手がなく、話し合える話し合いが当たり前のようにできて、負けたとしても、よかったことを言っていけるようになりました」

これは、四年生を担任していたときのこと。体育の授業で「タッチハンドボール」というオリジナル教材を用いた単元を終えて、あるチームのリーダーであったシンゴくんが書いた感想文の一節です。皆さんはこのシンゴくんの感想文にどのような感想を抱きますか。

バスケットとテニスを習っているこのシンゴくんは、典型的なスポーツ男子。おそらくどのクラスにもいるであろう、自分がシュートをすること、自分が活躍することが一番大事な男の子でした。そんなシンゴくんが、「今までは何だったんだろう」と思えるプレイは、どのような、そして、それはどんな道のりを経て生まれたものでしょうか。ここでは、シンゴくんの学びの履歴、感想文の記述、単元終了後のインタビューなどをもとに、「子どもたち自身が学習をつくりあげてく」ことの意義について考えてみたいと思います。

まずは「ゴール型ゲーム」とはどのつまり、どういったことが「おもしろい」ことなのかを考える、授業づくりの段階から紹介します。ボールゲームとは、ラインやゴールなどが存在する構造的空間の中に自己・他者・相手プレイヤーが混在するという、特有の意味空間において成立します。この意味空間、とは、一般的となっている競技スポーツのルールと同じであるかどうかではなく、そのスポーツが成り立つときには成立している空間のことを指します。例えば休み時間の「三角ベース」も、プロリーグはありませんが彼らにとって何かしらの意味空間になるわけです。その意味空間において、得点という目的に向かってプレイしている点では、三角ベースはさまざまなスポーツと共通していますね。

このように考えれば、ゴール型ゲームでは、必然的に「ゴールが入りやすい場所」が、最も重要な場所になり、それに準じてその場所にボールを送り込みやすいようなところも、重要な場所として意味づいていきます。しかし、相手もそれを防ぐためにディフェンスを敢行してくるわけですから、そうした場所はいつもいつも使えるわけではない。味方や相手の位置によって使える時間もあれば、使えない時間もあります。

味方も相手もボールも、止まっていてくれるわけではありません。状況は目まぐるしく変わっていくわけです。だから、さっき示した「空間」も、味方と相手とボールの位置によって使えるか使えないかが決まります。「あ、ゴール前に人がいない！空いている！」そう思ったその瞬間、その空間はただの空間ではなく「より意味ある空間」として生まれ変わっているとも言えます。しかし、のんびりしていてパスをするのに時間がかかってしまったら、そこにディフェンスがきます。「より意味ある空間」へとボールを送りこむ「ドア」が閉じられてしまう。

こうした、「うまくいかなさ」「思い通りにならなさ」が、たまらなくおもしろい。だからこそ何とかしようと思う。この点が「ゴール型ゲーム」に内在する学びの一番おもしろいところだと思います。これは、少年サッカーでもハンドボールでも、プレミアリーグでも同じことです。だからこそ、人々は夢中になってきたし、「より意味ある空間」にボールが送り込まれる瞬間に興奮をしますし、なんとかそれができるように先人たちも練習をし、今なお新しい戦術が生み出されているのだと思います。

「より意味ある空間において、フリーでボールを持てるかどうか」そして「シュートが打てるかどうか」が、ゴール型と呼ばれるゲームを学ぶ「幹」にあたることです。そして「空間」と「時間」という二つの要素が、ゲームの主導権争いに影響を与えている、と事前に整理しました。

その際、当たり前のことですが、「より意味のある場所」に一人でボールを持ち込むことができるのであれば、それが一番いいに決まっています。「みんなでやろう」「パスをしてあげよう」といったことをとにかくやらせ続ける授業を目にすることがありますが、ボクには的外れに感じます。その必要があればそうするし、必要なければいらないんです。子どもたちにとって、一人で運ぶことが難しいという局面にであって初めて、「コンビネーション」ということが意味を持ってくるのです。だから、パスをしたり、作戦を考えたり、と言ったことは、この「幹」を深めるための「手段」になるわけで、子どもたちがそれを必要だ、と感じた時にアドバイスをしたり見本を見せてあげたりすればいいことです。

だから、ひとまずはみんながこの「幹」に触れられるように、「スポーツを子どもに合わせる」ことを考えたい。そうして生まれたのが「タッチハンドボール」という教材でした。

「タッチハンドボール」は、「ボールをもったら自由に走ってよい」ゲームです。つまり「ドリブル」をなくしました。

　理由は簡単。難しいから（笑）。

　というか、「ドリブルができるかどうか」は、先ほどの「幹」に触れられるかどうか、には関係ないと思ったからです。だったら、できるかどうか疑わしい「ドリブル」よりも、「もったらどんどん走ろう」のほうがいい。そう考えました。しかし、それではあまりにも攻撃優位のゲームになってしまいます。そこで、守備の子はボール保持者に「タッチ」をし、「タッチ」されたールをもっている子はその場に止まらなければならない、ということにしました。

　それによって、ボールを持っている子の進攻を防ぐことができるようにして、攻めと守りのバランスが保てるように工夫しました。よく、「パスだけで攻める」というゲームを見ることがありますが、ボールゲームが苦手な子にとっては実はとっても難しいことだと思います。というか、守りやすいんですよね。「あ、どうしよう……」と思っている間に、パスコースがなくなってしまう。一方で、「パス」と

「ラン（ドリブル）」という2つの選択肢があることで、「より意味ある空間」に向かう、ということが意識しやすくなりますし、「空いているスペースをどう使うか」ということについての選択肢が増え、パスが苦手な子にも「まず前に走ろう！」という声かけができるので、みんなが積極的にプレイに関与することができるようになりました。

もう一つ、この単元で工夫したことがあります。それは、TaskとAchievementの連続です。第一章でもお話ししましたが、そもそも「わかる」とか「できる」という事態は、単に「これは〇〇です」と答えられることとか、「シュートを打てる」とかいうことではありません。

それが一体、自分にとってどういうことなのか、どういう意味なのか、といったように、自分の「内面を潜り抜けて」感じる味わいのようなものです。わかりやすく言えば「腑に落ちる」です。これは単に得た知識だけではなく、それを実際に使い、教科書通りにいかない部分は試行錯誤する過程でしか身に付けられないものです。新学習指導要領で整理された「資質・能力の3つの柱」ともつながる話題ですね。

「腑に落ちた」力にするためには、どうしても思考を働かせなければなりませんし、思考を働かせるからこそ「なるほどそういうことか」という驚きだったり「だとしたら……」という新しい問いだったりが生まれます。

整理すると、「これは○○である」という表面的な理解方法の学び（＝Task）がまずあって、それを使って問題を解いたり、実践で使ってみたりし、その中で他者とやりとりをしたりといった「相互行為」を通して「あ、○○っていうのはわたし（わたしたち）にとって、こういう意味があるんだな到達した状態（＝Aehievement)」という流れです。

そして、そこからまた新しい問いや、やってみたいことが生まれたときに、また新しい情報が必要となってきますから、再びその新しい情報の「表面的理解」があり、それを使って思考を重ねて「腑に落ちた理解」になり、このサイクルが連続してくわけです。

このように考えると、例えば答えが一つしかない「テスト」の結果が、必ずしもその子の「理解度」を反映しているわけではないことは明らかです。「腑に落ちた理解」というのは、自分の世界のあり方、見え方、感じ方を揺さぶったり、変えたりする事態です。だからこそ、「じゅあ次はこうしてみようかな」とアイデアがふってくるのです。だから、例えば8時間を超えるような問題解決的な単元を組んで、最後に子どもたちに「この単元の学習で何がわかった？」と聞いたときに、それが表面的理解に止まっているのだとしたら、ちょっとその授業づくりのシステムや実

タッチハンドボール　単元計画（全12時間）

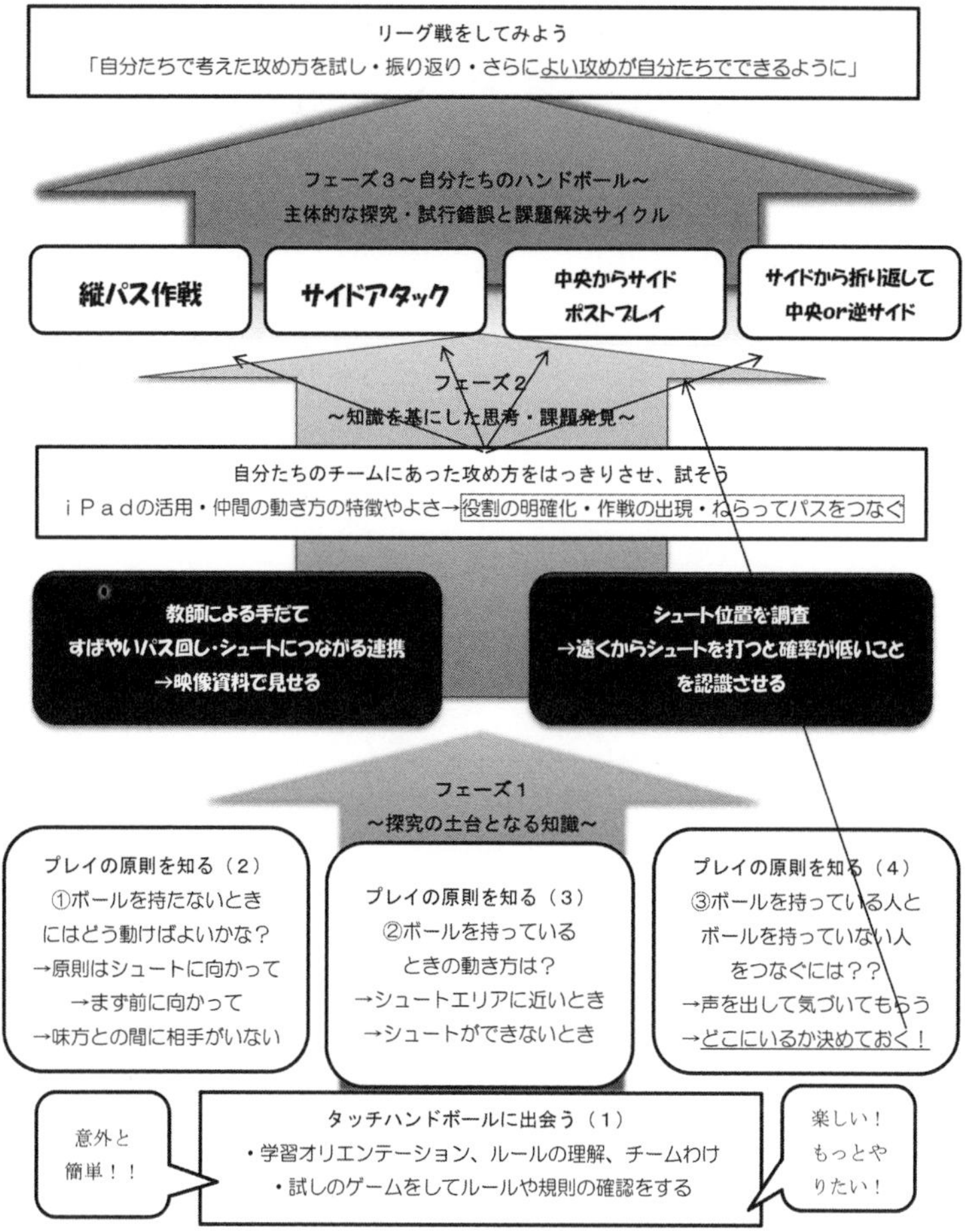
リーグ戦をしてみよう
「自分たちで考えた攻め方を試し・振り返り・さらによい攻めが自分たちでできるように」
フェーズ３～自分たちのハンドボール～
主体的な探究・試行錯誤と課題解決サイクル
縦パス作戦
サイドアタック
中央からサイド
ポストプレイ
サイドから折り返して
中央or逆サイド
フェーズ２
～知識を基にした思考・課題発見～
自分たちのチームにあった攻め方をはっきりさせ、試そう
ｉＰａｄの活用・仲間の動き方の特徴やよさ→役割の明確化・作戦の出現・ねらってパスをつなぐ
教師による手だて
すばやいパス回し・シュートにつながる連携
→映像資料で見せる
シュート位置を調査
→遠くからシュートを打つと確率が低いこと
を認識させる
フェーズ１
～探究の土台となる知識～
プレイの原則を知る（２）
①ボールを持たないとき
にはどう動けばよいかな？
→原則はシュートに向かって
→まず前に向かって
→味方との間に相手がいない
プレイの原則を知る（３）
②ボールを持っている
ときの動き方は？
→シュートエリアに近いとき
→シュートができないとき
プレイの原則を知る（４）
③ボールを持っている人と
ボールを持っていない人
をつなぐには？？
→声を出して気づいてもらう
→どこにいるか決めておく！
意外と
簡単！！
タッチハンドボールに出会う（１）
・学習オリエンテーション、ルールの理解、チームわけ
・試しのゲームをしてルールや規則の確認をする
楽しい！
もっとや
りたい！

践を見直した方がいいかな、なんてことを思います。

場合によっては「表面的理解」にも至らなかった、ということもあるかもしれません……。そこでこの「表面的理解」をさせる段階、それを使って試行錯誤を促す段階、というまさにTaskとAchievementが連続するように単元を組んでみました。以下は、授業の流れを表にしました。

まずは単元の一時間目。ルールを説明し、早速、試しのゲームをしてみました。「何か困りごとはあるかな」と思いながらみていましたが、ルールがシンプルでわかりやすく、ボールをもって走れるという手軽さからか、ほとんどの子どもたちは最初から夢中になってゲームに取り組んでいるように見えました。

最初に懸念していた「タッチ」というルールも、それほど問題なさそうでした。この時間は、とにかく「ボールをもったら走ってシュート」。この徹底でいいと思っていました。少なくとも、ボールをもって「え、どうしよう……」という動きは避けたいと思っていたので、そうした様子がみられた子には、「走っていんだからどんどん前に！タッチされたらパスすればいいんだから」といった声かけを繰り返しました。

二時間目から四時間目にかけては、それぞれ「ボールを持たないときの動き方」「ボールを持っているときの動き方」「ボールを持っている人と持っていない人をつなど方法」というように各時間の学習課題を絞り込んで子どもたちに提示しました。まずゲームをやってみた後のこの段階で、冒頭に述べた「場」と「時間」の関係や、他者・相手・ボールとの関係についての基礎的な知識を学ぶようにしました。

さて、知識を学ぶ、というと座学や教え込みをイメージされる読者の方もいるかもしれません。しかし、文脈がない状況での理解は子どもたちにとってはとても難しいことですから、ゲーム中で見られた典型的な場面を取り上げたり、いくつかのプレイを比較させたりといった手だてをとり、子どもたちが考えやすいような文脈をつくりだす工夫が必要です。そのうえで、学習課題に沿った場面を提示し、実際に動きながらケーススタディをさせていきます。そのあと、チームで試してみた動き方を全体で整理し、「動き方のひみつ～ボールをもたないとき編～」として共有していきました。

授業の最後には、確かめのゲームを行い、学習したことが実際のゲーム場面でできているかどうかについてタブレット型端末で撮影した映像を基に分析をさせました。実際に観察していると、誰がボールを持っているか、得点が入ったかどうかに着目しがちです。しかし、本時レベルの課題である「ボールを持たない人の動きがひみつ通りできているかどうか」などといった共通の「モノサシ」で映像分析をさせることで「見えないもの」が見えてきます。そうすると、「あ、○○さんはパスを受けやすいところにいるのに、ボールを持っている人が無理やり自分でシュートしようとしているね」などといった気づきが子どもたちから自然に生まれ、それが次の時間の課題へと繋がっていくのです。

冒頭に紹介したシンゴくんがいる水色チームは、ボール操作技能にたけた男子とそうではない女子との差がはっきりしているチームでした。その中心にシンゴくんがいて、実際のゲーム場面では、個人技に依存したプレイが散見されました。それでも、振り返りの場面では「ハルナ、ちゃんと空いているところにいたね」「ほら、ゴロウがいいところにいたのに！」「ミナミにパスでよかったと思うけど、カケルにパスでもよかったかもね」「もう、シンゴ、なんで一人で打ったの？　みんな空いてたのに」などといった会話が聞こえるようになっていました。

子どもたちにとって転機の一つとなったのは4時間目のことです。それまでの試合で1度も勝ったことがなかったピンクチームが快進撃を続けていました。3時間目にクラス全体で確認した「シュートチャンス（ノーマーク状態かつゴール前空間でパスを受ける）」を次々とつくり出しているのです。ボク自身、ゲームを見ながら不思議に思い、注意深く観察してみました。すると、ピンクチームは動き方や役割など、ある程度の決まりをつくり、その決まりに沿ってプレイしていたことがわかってきました。動き方や役割がチーム内で共有され、はっきりしていたからでしょうか、前時に比べてパスがすばやく、そして確実に回っているのです。つまり、「時間」をかけずに「空間」を活用していたのです。この課題であった「ボールを持っている人と持っていない人とをつなぐ方法」を考えた結果、ピンクチームは「攻め方のルール」を設けることにしていたのでした。

ピンクチームはボールを持っている人や持っていない人の動き方や、重要な空間について学んだうえで、パスを送り込むタイミング、つまり「時間」の重要性に気付いていたのです。ピンクチームはまず、ボールをサイド空間に送り、そこに相手が集まった瞬間にゴール前空間に他の選手にパスを送ります。それをより素早く行うために、誰がサイドに持ち込むのか、ゴール前のどこにだれがいるのかがある程度決めて試合に臨んでいたのです。典型的なサイド攻撃で得点を量産するピンクチームに他チームの視線も釘付けでした。

他方、前の時間まで全勝を収めていた水色チームは苦戦していました。一人一人の動きがバラバラで、うまくいかなくなればなるほどボール操作技能の高いケンジロウさんが一人で打開しようとするのです。思うように攻められない時間帯が続く水色チーム。彼らは本時の課題「ボールを持たない人と持っている人をつなぐ」ことについて、「とりあえず声出せばいいよね」という曖昧な解決方法しか考えていませんでした。全勝街道をひた走っていた水色チームにとって、それ以外の方法を考える必要はなかったのかもしれません。それが機能しなくなったこの時間、チームの雰囲気は険悪なものになっていました。そして、ピンクチームの快進撃を目の当たりにしたのはその矢先の出来事でありました。

教室に帰り、ピンクチームが急にシュートチャンスをたくさんつくり出すことができるようになったこととその理由を共有しました。その秘密についてピンクチームにインタビューすると「ある程度決まった攻め方・役割」を考えて動いていることを明かしてくれました。さらに、そうすることで「どこにパスをすればいいか、どう動けば良いかがはっきりして攻めやすい」ということも語られました。この言葉に、他チームも合点がいった様子。ここから「チームにあった攻め方づくり」が学習の中心となっていきました。

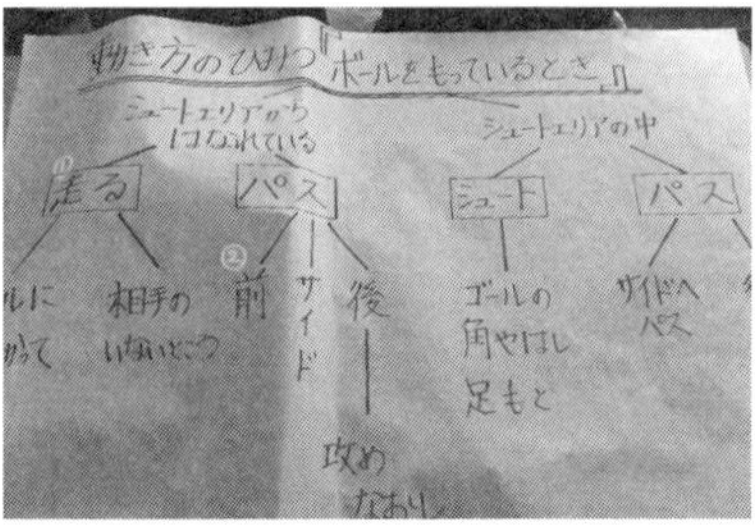

教室でピンクチームのエピソードを聞いたあとの5時間目。この時間は、「チームにあった

動き方を考えてみよう」というねらいで授業を行いました。それぞれのチーム、考えを交流し合い、チームの時間に試してみる、という流れでしたが、水色チームの話し合いの様子がこれまでと明らかに異なりました。話し合いをリードしていたのはシンゴ。運動技能が高く、独力で打開していくだけの力がありました。それもあってか、チームでの決め事やパスをする、といったことにさほど興味のない子でした。「困ったら自分が点をとればいい」と言った様子で、飄々とプレイしていたシンゴ。しかし、この時間は進んで意見を聞き、案を出していきます。前時の惨敗及びピンクチームの工夫を耳にしていた周りのメンバーも頷きながら耳を傾けていました。このときのことについて、シンゴくんは単元後のインタビューで次にように語っています。

シンゴ（以下、S）：はじめはそれぞれが勝手にプレイして、つまったらとりあえずシュートをしてみる。それだと課題があって、それは、勝手に行動すると、ある意味、敵が混乱するというのもあるんだけど、そうなんだけどね、だれかが不満に思ったり、シュートしない人もでてくる。それに、うまい人だけが仕切る、ということが起こる。お互いに。

筆者（以下、T）：それは、やっているときからそう思っていたの？

S：いや、いま今振り返ると、なんだけどね。そのときに別に点とかをとられても何にも思わなかったけど、作戦を考えていくうちに、誰かが不満に思ったり、なんでパスしてくんないの？とか思う原因になっていたんだなと思った。

T：そっかそっか、勝手にやっていることが、不満の原因だって、作戦を考えることで思うようになったんだね。

S：うん、そういうことだね。

シンゴは4時間目までの授業の中で、チームメイトの不満の声を感じていました。その声とは「私たちだってわかっている」「ちゃんとシュートチャンスで動いて待っている」という思いや「同じ人ばかりでプレイをしている」という落胆であったのかもしれません。

シンゴが考えていたのは、ゴール前のスペースに素早くパスを送り、シュートが打てたら振り向きざまにシュートする、というもの。そのために、シンゴ自身がパス出し役になり、シンゴがボールをもったらポスト役のミナミがすぐにゴール前空間に走り込む、という動きを考えていました。さらに話し合いながら、シュートブロックに入られてしまった場合に備えミナミにボールが入ったら、パスを出したシンゴが右サイド、もう一人空いているハルナが左サイドへ走り込む、という方法も付け加えられました。早速、きょうだいチームに相手役をやってもらい、攻めのパターン練習開始です。

「じゃあまずシンゴがボールをもちました！」「はい、ミナミはポストね！」「パスします！打てたら打ちます。はい、この場合は打てませんでした！」「ミナミはどちらかのサイドの空いている方にパスするんだよ」

このようなやり取りをしながら、上記の作戦パターンについて何度も何度も繰り返し練習をしていました。そうしているうちに、シンゴ以外の子も「スペースを使う」という子との意味が実感をもってわかってきた様子。パスした瞬間の走りだしや動きが速くなっていました。

授業後半のゲームでは「シンゴ→ミナミ→ハルナ→シュート→得点」という、考えた通りのパスで得点を挙げることができた水色チーム。パスをキャッチしてからパスするまでの時間も短く、スムーズにパスがつながります。相手チームはついてくることが全くできず、ハルナはフリーでボールを受けることができたのです。

このプレイで、水色チームは要領を得たのか、次の6時間目も面白いようにボールがつながっていきました。相手の守りが両サイドを警戒するようになると、シンゴからボールを受けたミナミが振り向きざまにシュートを打ち、ミナミにタッチしようと集まると、すぐさまサイドに展開する、といった具合です。2時間目から4

時間目までに学んできたことがつながり、しかもピンクチームが攻め方のパターンを決めている、といったときの意味や効果について、実感をもって理解するということができるようになってきていたのでした。

その後、このパスワークを最大の武器として、運動の得意でない子もどんどんシュートを決めることができるようになっていきます。そして、フリーで待っている子がシンゴにどんどんパスを要求するようになっていったり、「さっき空いてたよ」と伝えたりするようになっていきました。そして、シンゴだけではなく、みんなが意見を出し合いながら作戦を見直したりリニューアルしたりしながら「自分たちの作戦」へのこだわりと思いがさらに強くなっていきました。

もう一つ、ご紹介しておきたいのが紫チームです。彼らがまず最初に考えたのは、「暗号を使って動く」というものでした。右サイドを1、左サイドを2、中央を3、自分の陣地を4、Gエリアは Gと呼ぶことに。そして、空いているスペースや、フリーになっているところに、番号でサトシ（サッカーを習っていてボール運動が得意）が指示を出す、というものでした。しかし、この方法は見事に失敗してしまいます。サトシは周りを見てどこにパスをしたらいいかについて必死に指示をするものの、周りの子がそれについていくことができないのです。もちろん、番号という方法によって情報が煩雑になっていることもありますが、やはりケイスケとその他の子たちとの「ビジョンの違い」があったように思われます。話し合いの段階では「うんうん」とみんな納得して聞いています。「スペース」という言葉や「パスしたらすぐ走るね！」といった声が聞かれます。しかし、いざ試合になるとみんなその通りにはできないのです。その事実に苦悩するケイスケ。そしてまた単独突破を図り、うまくいかないというジレンマに陥ります。しかしその中で、「自分」の存在やそのプレイの在り方に意識が向いていたようです。この時間の感想文には**「パスをせず、自分一人でいくと点も入らないし、ピンチになってしまった。味方をつかってチャンスをたくさん生み出せばよかった。ここが僕の足りない課題である」**と書かれていました。

次の時間、サトシは自分がパス出し役に回ることを決断します。サトシが最後尾でボールをもち、それ以外の子が両サイドで陣取るという形に変えたのです。**「前は一人で走って点をとっていたが、他の人が楽しくないということがわかったので、みんなで点をとるということを意識しました。そうするために僕はシュートではなく前にいる味方にパスを出す役目をした。ユキが点を決めたとき、いつもと違う喜びを感じた」**その日の感想文にはこう書かれていました。連携プレイというまさに究極の「他者との協働」を通して、サトシ自身が自分のプレイを見直し、「ちゃん

とスペースに走り込んでいる味方を生かすことで自分もみんなも生きる」ことを目指すように変わっていったようです

その後、水色チーム・紫チームともにさらに作戦を練り直し、目指すべき攻め方のイメージを共有していきました。とくに紫チームは、サトシを司令塔として相手の「裏のスペース」に走り込むことでビッグチャンスを作り出すことを目指し、ケイスケ自身は「パス出しのタイミングとパスのスピード」にこだわりをもつようになります。他方、水色チームは自慢のパスワークに磨きをかけます。そして、動き方を事細かに決め、その通りに動こうとしなくても、「ダメなら逆サイド、中央、一度キーパーに下げてもう一度サイド」と言った具合に、臨機応変にプレイすることができるようになっていきました。これらは、もはやボクが教えたことではありません。それらをはるかに超えて、自分たちにあった攻め方を、自分たちでつくりあげていったのです。

子どもたちはそれぞれ自分たちの攻め方に自信をもつようになっていきました。これは、単に作戦自体への自信というだけではなく、そこに至るまでの過程にも、あるいは自信を持っていたのかもしれません。シンゴは、この単元を終えての感想に次のように書いています。

「ぼくは、最初のうち、一人で攻めて、決めていて、それがたのしかったけど、自

分たちが望んでいた攻め方ができたとき、今まではなんだったんだろう、と変に思ってしまうほど、気持ちよかったです。そして、もっとやりたいと思うほど楽しかったです。そして、もっと深くなれた気がした。今まではうまい人が言って、それにしたがっていたけど、だんだんと、みんなで高められて、ほんとにうまい下手がなく、話し合える話し合いが当たり前のようにできて、負けたとしても、とかったことを言っていけるようになりました。」

さらにサトシの感想文にはこう記されています。

「最初は一人で走り点をとり、楽しんでいたけど、それだと他の人は面白くないし、勝った後のうれしさはあまり大きくないということが分かった。みんなで戦法を考え、パスを回し、全員がボールを触り、みんなで点を取る方が喜びも違うし、すっきり感も違う。(中略)ノートに相手の良かったプレーを書けるようになったし、相手のプレーを真似できるようになった。最初は、体育だから大丈夫と思っていたけど、女子も男子もとても上手になり、教えるだけではなく教わることもあった。」

彼らの記述からは、まさに「私」から学び手としての「個」への成長と、その過程における周囲の仲間との協同・探究とその成果の実感という事実が浮かび上がってきます。さらに、ボールゲームが本来もつおもしろさへの気づきと深まりの実感、自分のチームが分け隔てなく学び合う「仲間」になったことへの充実感や喜びが読み取れます。まさに単なるTaskをこえた味わいAchievementへの到達です。

このように、授業とは教師が一方的に「教え」、「行動を変える」ことではなく、むしろ子どもたち自身がビジョンをもち、どうしたらいいかを考えたり、工夫したりといった試行錯誤を通して、自分たちが作り上げるものです。だからこそ、それは「やらされごと」ではなく、「自ら作り上げた」という実感が宿るのでしょうし、そうしたプロセスの中で、「腑に落ちた」学びが生まれていくのです。このように考えると、教師はそれに誘う「コーディネーター」に過ぎません。このシンゴやサトシの例のように、ボクの想定をどんどん超えていく姿をみるのが、先生としての喜びの一つです。

純粋

土屋勇人

久保先生のお言葉で最も印象に残っているのは、「100％本気、でも100％嘘」です。

体育の授業を勝ち負けにこだわってがんばっていました。でも、遊びのスポーツにおいて、勝敗はその場の娯楽程度の価値しかなく、その後に影響するような意味を持ちえない――と久保先生は言いました。これはある意味強くなるために、ひいては勝つために練習していることと矛盾していて、試合の後にドッキリを食らった様に思えてしまいます。え、勝つためにやってないの？

しかし考えてみると、このドッキリで大事なのは勝敗ではなく「自分がいかに真剣に取り組み学ぶものがあったか」であるということが分かって、「勝敗への思い」が水に流れていくのを感じました。それからは、終わった後に純粋な楽しさを感じることができ、また心の中でどこかドッキリであることを理解しているからこそ勝ち負けにこだわって試合に熱中できるのだと感じます。

勝っても負けても人生はおよそ変わらないけれど、だからこそ目の前の試合に本気で楽しむという姿勢は、スポーツだけでなく多くのイベントや趣味、遊びに当てはまるものだと思います。やってみたい意味のないこと、やらなければならない意味のないこと、そのどちらにも臆せず、楽しみを見出せる生き方をしたいです。

初期投資は最大の効率を生む

いろいろあった1学期は一息つき、夏休み。学校から、子どもたちの声が聞こえなくなります。「さて、少しゆっくりするか」という方も多いのではないでしょうか。打ち上げやいろいろして一息しつつ、準備と振り返りをしたいところです。ボクにとって、夏休みはかき入れ時。ここで「貯金」をしておくことが、その先の余裕を生み出すからです。ということで、この章では、ボクのお仕事術を、少しご紹介します。

まず、こうした長期休業中にやるのは、「必要になるかもしれないプリントの大量印刷」。国語や算数など、毎日の授業で必要になるであろう学習資料や練習プリント、漢字テスト用紙などを、教科書を見ながら確認し、次の長期休業までの分を印刷してしまうのです。必要なかったら、裏紙として何かに使えばいいでしょう。印刷したら、付箋を付けて束にして、教室のどこかに置いておきます。これで、「あ、これ印刷しなきゃ！」と前の日に思うことはなくなります。

この印刷を通じて、次の学期の学習計画を大まかにでいいので立てておきます。教科書を参考にしながら、各単元の進め方を考えてしまうのです。直前になって場当たり的に考えるのではなく、前もって、さらに各教科同時に考えること。

これは例えば、「国語の新聞づくりは、社会の水産業の単元と抱き合わせでやろう」とか「理科の関節のつくりの単元の裏で、音楽では太鼓、体育では器械運動をいれよう」とか、「体育のゲーム分析を、算数のデータの活用の単元を使ってやろう」いった工夫ができるのです。これがボクの「カリキュラム・マネジメント」です。教科書に沿って、直前に授業計画を立てると、そうした工夫をする余地がありませんし、思いついたときには、抱き合わせたい単元がすでに終わってしまっていることもあります。ですが、各教科同時に見通しをもつことで、より効率的に、より子どもたちの文脈に即した学びを展開することが可能になるのです。時には、「国語の○○と、算数の○○と、社会の○○で学び取らせたい内容に迫れるような、新しい単元を考えよう」とひらめくこともあります。

例えば、六年生の社会科で行った「ぼくたちの都知事を決めよう」という単元は、まさにそうしたひらめきから生まれたものです。ちょうど世間をにぎわせている都知事選を題材に、社会科の政治単元と、国語科の意見文執筆・ディベートと、算数のデータの活用とが含みこまれるような大単元を構想したのでした。この単元では、子どもたちから「メディアで取り上げらえる候補者が限定されているのはなぜ？」「有権者は候補者の政策をきちんと読んで理解しようとしているのだろうか？」などといった新しい問いが生まれてきました。そこで、当初の計画を修正し、五年生の社会科で扱う情報単元につなげ、子どもたちの問いを中心に単元を発展させていきました。教科書の内容をただ授業で扱うよりも、子どもたち自身の文脈や状況に即して知識を提供したり活用したりした方が、知識は「血肉」になっていきます。また、彼ら自身の文脈になっていれば、そこから新しい問いや疑問が自然と生じてきます。「カリキュラム・マネジメント」や「深い学び」といった言葉の本質はここにあるわけですが、それも、長期休業中に各教科等の内容や配列を俯瞰してみることで、アイディアがわいてくるようになるのです。

次にご紹介するのは、「教科書を自分で購入」です。これは、夏季休業行中ではなく、新年度が始まる前に行うのですが、書店にいき該当学年の教科書や資料集を自費で購入します。そして、教科書の綴じている部分を裁断機でズバっと切れば、教科書が一枚ずつバラバラになります。それを、スキャナーでスキャンし、ＰＤＦにするのです。ＰＤＦにしたファイルを、適宜アクセスしやすい場所に保存しておけば、いつでもどこでも教科書をみることができるようになります。研究会のあとなど、忙しくて学校に戻れないときがありますよね？「あれ、明日の授業なんだっけ」そんな風に思うことありますね。そんなときPDFにしているととても便利です。GIGAスクール構想が進めば、デジタル教科書として持ち運べる未来もあるかもしれませんね。そのときは、裁断される資源が減るでしょう（笑）。

きっとこれからの未来では、一人一台タブレット端末などが支給されることですから、テレビですぐに全員に教科書を見せることができるのです。いま、似たことを行っていますが、これはとてつもなく有効です（笑）。拡大や書き込みができます。つまり、授業の導入などで、「見せたいところだけを見せる」ことや、「考えさせたい部分を隠す」といった工夫が可能になります。

印刷して配りたい、と思った時にもすぐに対応可能です。教育目的の配付でしたら著作権は大丈夫です。「答えがわかってしまうから教科書は開かせたくないな」と思う先生も多いのではないでしょうか。そんなときも、必要な部分だけ、必要に応じて印刷したり、テレビに写したり、自由自在です。やってるときはちょっとめんどうですが、年度当初にやっておくと、日常が一気に楽になります。

似たようなものに、放課後の教員の業務があります。文書の起案、自己申告書の記入、週案の作成、さまざまにやることが迫ってきます。まず重要なことは、①やるべきことの優先順位をつけておくこと②スキマ時間を活用してまずはやっていくこと、③過去の財産を有効活用すること、の三点です。

例えば、行政に提出する自己申告書の作成は、毎年求められます。それはもうわかっていることです。であれば、思い立ったときにもう書いてしまう（笑）。そのときに、昨年度までのデータを最大限活用するのです。どんなところで添削を受けたか、どのような書きぶりが望ましいのか、そうしたことは、数年経験していればわかっているし、データとしても残しておいているはずです。それらを参考にしながら、まずは書くのです。

通知表の初見や指導要録についても同様。何気ないスキマ時間に、ちょっと時間ができた放課後に、要録に書けそうな出来事があったときに、打ち込んでおくのです。たった一行でもいいから、それをコツコツ積み上げておけば、年度末に苦労することはありません。出席簿もそう。春休みの内に一年間分の「月・日」を全部書いてしまう。やらなければいけないことがわかっていれば、あとは気づいたときに少しずつやるだけ。あとからまとめてやろう、と思っても、そのときにはすでに別の仕事が迫ってきます。ボクは、必要だと分かった時点でひとまずそれをやります。中途半端でもいいんです。「あ、ここまでやってあるな」という見通しをもてることが重要なのです。それにより、あと何時間くらい、どのようなリソースが必要か、頭の中で計算することができるので、優先順位を決めやすくなるのです。

例えば、指導案を書かないといけないとしましょう。そう決まった時点で、まずは枠だけ作ってしまうのです。枠を作れば、各項目も打ち込めます。指導要領を読めば書き込める内容も見えてきます（時間があれば打ってしまいます）。単元名や授業者名も打てますよね。そうしておけば、「次に何をしないといけないのか、スキマ時間でもできることはなんなのか」が可視化されるのです。とにかく、やることがわかったらまずやる。先にやっておけることは先にやる。写せばいいものは写す。その割り切りがとても大事だと思っています。

日常生活で我々の業務を圧迫するのは、宿題のチェックではないでしょうか。そもそもボクは宿題をそれほど出しませんが、そのチェックも限りなく少ない時間で効率よくできるように工夫をしています。例えば、日記。ボクも日記を宿題で書かせる年は多いのですが、三十五名分を数少ない空いた時間で全員分読んで返事をする、というのは、そもそも困難な話です。「持続可能性が低い」と思ったら、やり方を変える、というのがボクもモットーなのですが（笑）、この日記のチェックについても同様です。そこで、日記の提出は週に一回にしてみました。列ごとに提出日を決めて、その日に出してもらう。一日に読む日記の数は多くても七名です。

三十五冊読む、と思うとなかなか気が引けますが、七名なら何とか頑張れそうな感じがしませんか？　さらに、日記をただ書かせるということはボクはあまりしません。週ごとにテーマを決めて、それについて意見や思いを書く、という形にしています。例えば、「どこでもドアで行ってみたいところはどこ?」とか「あなたがなりたいあなたはどんなあなた?」とか。そんな風に共通のテーマで書かせると、逆にその子の意外な一面がわかっておもしろく読めます。参考にしてほしい書き方や内容の日記は、コピーをして全員に印刷をして、よいところを紹介します。それだけで、モデリングになりますので、自然と書き方は上手になっていくわけです。毎日書かせなくていいのかって? そんなに書かせる必要があるんだったら、むしろ授業中に行うべきです。各教科等の授業や単元の最後に、学習感想を書かせたり、帰りの会の時間に今週の振り返りを書かせてみたり。別に、宿題という形にしなくても、やり方はいくらだってあるわけです。

漢字テストをはじめ各種小テストの採点についても、ボクはあまりやりません。テストが終わったら隣の人と交換をして、相互採点をさせています。そもそも、こうした小テストは、満点がとれるようにしかボクはつくりませんから、「差別だ!」とか、「点数が取れない人がかわいそう」とかいう事態にはなりません。もしそんな風に言う人がいたら、「満点をとれるようにつくっているんだから、悔しかったら満点とってごらん」と突き放しつつ、休み時間に一緒に勉強をして、次の日には満点をとらせます。こうして、「自分にもできる」「先生は見捨てない」という実感やメッセージを伝えていくのです。

最後に、夏休みではありませんが、日常生活で先生がやらなければならないこまごました業務について。例えば、プリントの配布だったり、教室の整理整頓だったり、窓開けだったり、そうした事柄も、すべて担当を決めてしまいます。極力、ボクがなにもしなくて日常が円滑に回るようにする。やってくれている子を見る、そして「ありがとう、助かった」と伝える。時には「先生がやるよりも頼りになる」と信じて任せる。その繰り返しで、自分の時間はたくさん生み出せるようになります。先生って忙しいです。けど、工夫次第で時間は生み出せます。それはどんな仕事でも共通です。学級経営上必要がないと思うことは、やめたらいいんです。「これじゃあ、とてもじゃないけど、続かない」と思う仕組みは、変えたらいいんです。

大事なのは、子どもたちのためになっているのかどうか、自分の学級経営のビジョンに合致するのかどうかであって、「みんなやっているから」やるかどうかを判断するのは間違っています。

こう考えると、先生という仕事は、一人一人が経営者のように、自分のビジョンをもって具現化できる仕事です。もちろん、ビジョンやそれに付随する方法は、絶えず批判的に検討し、ブラッシュアップされなければならないでしょう。けれど、基本的には自分がしたいようにできるわけですから、それを最大限に生かし、楽しむことが、この仕事にやりがいを見出すヒントになると、ボクは思っています。

「教室に卓球台」論争

学校というのは何かとルールにうるさい場所です。「廊下は走るな」「静かにしろ」「座り方はこうで、鉛筆の持ち方はこうで」etc……。

子どもたちはルールでがんじがらめです。まあ、そのことを理由もなく否定するつもりはないし、大人数の子どもたちを動かすには、そうしたルールも必要だ、ということも理解はできます。ただ、よくよく考えておいた方がいいな、と思うのは、「ルール」というのは、そもそも「はじめからある」ものではなく、その集団が必要だと思ったときに「つくる」ものだ、ということです。

つまり、ルールは決して万能なものではなく、絶えず書き換えられる余地が残されているべきであるし、その集団がよりよく過ごすために必要で、明示化したほうがいい、となった場合にはじめて意味をもつものなのです。その意味で、「ルールなんだから守りなさい」という言葉は、はっきり言って不適切だと思います。もちろん、何百人という人数がいる学校の中で、そのすべてルールを「つくる」ことは、実質不可能かもしれません。ただ、「ルール」というものの本質、意味を知っておくことは、必要なことではないかと思うわけです。

ボクの学級では、いわゆる「ルール」と呼ばれるものは、最小限しか設定しません。これまで述べてきたようなシステムやルールを子どもたちに示す場合にも、必ず理由を説明し、検討をしてもらい、やってみて不適切であれば修正しよう、スタンスで提示をします。

そもそも、「ルールなんだからこうしなさい」という言葉は、子どもたちの日常生活を送る、社会に出て自立するために考える余地を奪います。いわば、「考える必要なんてないから従いなさい」と言っているようなもの。ボクは、こんな風に、子どもを「モノ」みたいに捉えるスタンスが嫌いです（笑）。だから、校内で「ルールなんだから……」「学校なんだから……」といったような言葉を聞くと、ピクっとしてしまいます。

彼らにも言い分はあるし、思いがある。ボクらが当たり前だと思っていることは、彼らにとっては当たり前ではない可能性が高いし、僕らのあたりまえによって居心地が悪くなっていたり、よさが消されたりしていることもあるかもしれない。そうした「人と人とのコミュニケーション」というスタンスを忘れてはならないと思うのです。

コミュニケーションを通して、こちらが考え方を改めたほうがいいと思えば、改めればいい。やめたほうがいいしきたりやルールは、やめたらいい。何かルールを設定したほうがいいという了解がなされたら、ルールを決めたらいい。人と人とのコミュニケーションにおいて、これはむしろ当然ことだと思います。これが、「教育者」とその教育を受ける「被教育者」という関係になると話が変わる。

教師が教える人で、子どもはそれに従う人、そんな構図になってしまっているような気がして、ボクは違和感を覚えます。「ルール」が必要か必要ではないのか、書き換えることができるのかできないのか、そんなことを考える権利も意見する余地も、子どもたちにはないような気がして、なんだかマシンを育てているような嫌な気持ちになるんです。だから、学校というシステムの中で、すべてを子どもたちとともにつくることは難しいということは重々承知の上で、それでも可能な限り、生活やルールは子どもたちとつくっていきたい、そんな風に考えているんです。

一つ、事例を紹介しましょう。五年生を担任していたときのことです。ある日の昼休み、ジュンという男の子が、教室で卓球をしていました。何人かの机を並べて卓球台に見立て、クラブで使うピンポン玉を筆箱ではじくという、ずいぶん原始的な卓球です（笑）。教室に入ると、その場に居合わせていた女子児童が血相変えてボクに詰問します。「先生！この人たち、卓球してるんだよ？」「教室で卓球なんて、ありえないでしょ！」

圧の強い詰問を「まあまあ、わかったわかった」とかい潜りつつ、「まあさ、ジュンにも言い分があるだろうから、まずは聞いてみようぜ」となだめつつ、「教室だから『ありえない』と決めつけることはないんじゃない？　卓球を教室でやるクラスがあったって、いいじゃんか。みんなで話し合ってそう決まったとしたら、それが尊重されるべきじゃない？」と伝えました。

普通だったら――何度も失礼、普通、という言葉はあまり好きではありませんが――、なにやってんだ！と叱るところでしょう。ですが、ボクは、そうはしません。彼らがどうしたいのか、なぜそのようにしているのか、耳を傾けるようにしています。「ふざけ」であれば、自分たちが一番よくわかっていますから、「まあ気持ちはわかるけど、やめようぜ」で済みます。一方で何か思いがあるのであれば、それは受け止めなければなりません。ジュンの思いは、以下のようなものでした。

「体育でやった卓球がたのしかったから、体育館でもやりたいなと思ったんだけど、体育用具は使えないからできない。何とか教室でできないか、と思ったんだ」

もし、本当にそう思うのであれば、クラス全体に諮る。ボクのクラスではいつもそうです。「本当に教室で卓球をさせてほしい、そういうルールをつくりたい、と思うのであれば、みんなに聞いてみたら？」というと、わかった、とうなずき、翌日、提案文をつくってきたのでした。

早速、クラス会議が開かれます。大切なことは、「否定をしない」ことです。こういうとき、子どもたちには、「否定」と「批判」は異なる、といつも伝えます。辞書的にも、「否定」は「打ち消すこと」で、「批判」は「検討すること」です。あくまでも、実現可能性を「検討すること」に重きをおきます。また、「そんなの無理でしょ」と最初から匙を投げたり、「普通そんなことしないでしょ」と拙速な判断をすることも憚られるべきです。あくまで提案者の思いや意向を尊重し、受け止めたうえで、検討をするのです。

会議では、「単にヒマつぶしでやるわけではなくて?」や「どうしても卓球をやりたい理由はなんなの?」など、厳しい質問も飛びました。それでも、ジュンはぜひ卓球で遊びたい、という思いと理由を訴えます。大人から見たら、なんともバカバカしい話し合いに聞こえるかもしれません。しかし、彼らにとっては切実なことです。子どもたちだけで話し合いがうまく進まない場合には、論点を整理したり、助け舟を出したりしました。「それは認められない」という意見もあった一方で、「ジュンがそこまでいうのであれば、試しにやってみてもいいのではないか」という意見もあり、話し合いは難航しました。「そういうときには、AかBか、という二項対立ではなく、それを掛け合わせた第三の意見をだして、方向性を見いだすといいよ」とアドバイスをすると、マサキが手を挙げ、語りだしました。
「まずはジュンが言っていることを受け止めて、試してみようよ。ただ、危ないという意見もあるから、教室の角のほうでやる、ということにして、危なくないか試してみないと、わからないいんじゃない？」

このマサキの意見に、一同納得の表情。ひとまずは、危なくない形で、試行してみることに。ここに、「教室で卓球をするクラス」が誕生したのでした（笑）。

ジュンは、目に笑みを浮かべながら、言いました。「みんなちゃんと考えてくれてありがとう」。ジュンたちは、晴れて昼休みに卓球をすることができるようになったのです！

その後、このルールを試行してみると、思っていたほど危なくない、ということが子どもたちに理解されていきます。「普通は……」と思っていることは、実は意外に「普通」ではないのです。また、クラスの合議で決めたからこそ、そこで決められたことは尊重され、守られるべきものとして理解されていきます。個人の思いを出発点に、集団で決められた「ルール」は、大人が押し付ける「あたりまえ」よりも強固でかけがえのないものなのです。まさに、本当の意味での「ルール」です。

さらに大切なことは、この「ルール」は必要や状況に応じて書き換え可能である、という点です。その後、卓球ブームが去り（笑）、「教室卓球ルール」は撤廃されました。「じゃあ、何のために決めたの?」と言いたくなるところかもしれません。けど、こうした試行錯誤が大事だとボクは思うんです。学校は、なんでもかんでも正解を求めすぎです。結果的に近視眼的だったという失敗OK。話し合ったことを試してみて、うまくいかなかったらまた考えたらいいんです。本来、学びってそういうものじゃないですか?

こういう話し合い、一体何なるのですか? 学習内容なんですか? なにが身についたんですか? そういう質問をいただくことがあります。たしかに、目に見えて何かができるようになった、という時間ではないかもしれません。ですが、ボクはとっても大切な時間だと思っています。**人生の主人公は自分たちなんだ、「あたりまえ」を疑って、よりよいものをつくりだす権利と可能性が自分たちにはあるんだ、そのために、意見をもち、表明していいんだ**、という、どんなに勉強ができるよりも大切なマインドが、こうした日々の営みを通して育まれていくような気がするのです。

与えられるものを享受して、点数が高かったか低かったか、「勝ち組」か「負け組」かといった損得勘定で判断し、口先だけそれらしいことをいう、そんなベルトコンベアーに乗せられたマシンに子どもたちをしちゃいけません。だって、これからの社会をつくっていくのは、彼らなんでしょ?

形だけの学級目標にはしない！心の叫びを聞け

学級目標、みなさんのクラスではつくるでしょうか？　公開研究会などで教室をお邪魔すると、「なかよし」とか「さわやか三組」とか、いろいろな学級目標が掲げてあります。けれど、それらの言葉は、一体どれくらい彼らのものになっているのでしょうか？　先生が「おしつけた」学級目標になっているのであれば、それは形だけのものです。

ボクは、年度のはじめに「学級のモットー」を掲げます。これは、すべてが教育活動における指針になるものです。ある年は「S・P・C」でした。え？「S・P・C」って何って？　それは、S＝smile,P＝positive,C＝challengeの頭文字。なんの語呂にもなっていないのがまたいいでしょ（笑）？

ちなみにこういうのは、その集団のメンバーにしか理解できないような言葉、いわば暗号のようになっているほうが、集団の凝集性を高めます。「〇〇と言えばこういう意味だよね」「うんうん！」みたいな感じです。また六年を担任したある年は、「flower」でした。これは、F＝funny,L＝Laugh,O＝Only W＝Where about,E＝Ending,R＝Rainbow。

こうした「モットー」は、前年度までの子どもたちの実態や課題、ボク自身が彼らとどのようなクラスをつくっていきたいか、というビジョンなどを照らし合わせながら設定します。その多くは、学習や活動に向かう上での心構えやあり方を意味したものになっていて、「学び手のマナー」として提示するものです。

基本的には、前向きに、笑顔で、なんでもトライすることのできるような「学び手」であってほしいと思っているので、それが担当する学年の子どもたちに伝わりやすいように考えます。余談ですが、何をするにも「えー、めんどくさい」「やりたくない」という後ろ向きなスタンスでいることをボクはすごく嫌いです。何事も、やってみないとわからない。一生懸命やってみるからこそ、それまでの自分と違う自分に出会うことができる。だから、価値観も広がるし、可能性も広がる。そんなふうに考えています。だから、なんでもまずはおもしろがってやってみようよ、ということを絶えずメッセージとして伝えていきます。その上で、実際の取り組む学習や活動が、おもしろかったり、魅力的だったりするものでなければ、「やっぱりつまらなかった」ということになってしまいます。

ですから、「やってみようよ」という以上は、「たしかにおもしろい！」「やってよかった！」と思わせることできる内容でなければならないと思っています。このように、「学び手のマナー」と「学習・活動のおもしろさ」が両輪として駆動し、活動や集団の雰囲気が高まっていったときに、集団として初めて同じモチベーションで目標を決められると思うのです。

集団としての実感は、ある程度の月日を過ごして行った先に、「自分たちってこういうクラスだよね」「おれらってこんないいところあるよね」と浮かび上がってくるでしょう。こんな雰囲気が漂ってきたときに、学級目標を立てる。それがボクのやり方です。

集団というのは、「自分たちにしかわからない何か」があると、一気に凝集性が高まります。わかりやすい例で言えば、「秘密」です。仲の良い友達と、自分たちしか知らない秘事があるとき、なんともいえないつながりを感じることがありませんか？　さらに、それが自分たちにしかわからない暗号のようになっているとき、絆のような何かを感じることがあると思います。学級目標も同じです。「自分たちってこんなクラスだよね」「これからもそんな僕らでいたいよ」そんな風土が生まれたときに、自分たちにしかわからない目標をつくる。だいたい2学期の中盤から後半に作ることが多いですが、それが進級、ないしは卒業に向けての合言葉になっていきます。

ある年の学級目標は、「バカまじめ」。これだけ聞いては、意味がわかりません(笑)。「学校で『バカ』なんて言葉使っちゃいけません」というお叱りの声をいただきそうですが、そういうことじゃない。

彼らが言いたかった「バカ」とは、「バカになれ」の「バカ」。変にかっこつけないで、すぐに「できない」「やったことない」というんじゃなくて、まずはやってみる。それまでの自分の殻を破って「えいや！」と飛び込んでみるからこそ、見える世界がある。だからといって、それはふざけているわけではない。「大真面目」に「バカになる」。それが、「バカまじめ」という言葉に含み込まれていました。それからというも、何かあるたびに、「バカになろうぜ！」「大真面目に夢中にやろうよ」そんな言葉が彼らの合言葉になっていったのです。これを、教師があてつけのように言ったんじゃ、「やらされごと」ですから、「えー、ちょっとウザい」「暑苦しい」ということになりかねず、冷めた空気が漂うこと請け合いです。

肝心なことは、「たしかにおれたちそういうクラスだよな」「運動会のときもそうだったよね」「そういえば体育のときにさ……」と、彼ら自身が実感をもってその言葉に思いを乗せられること。そういう経験を授業や活動を通してたくさんしていないと、「バカまじめ」のよさは実感できません。

　またある年は、「みんな将軍～みんなの力で世界を変える～」が学級の合言葉になりました。「みんな将軍」というのは、どいつもこいつも私利私欲と上昇志向に塗れている、というわけではもちろんありません。

　一人一人が、一国一城の主として、自分の人生に、生き方に誇りをもって、よりよい世界を築いていこう、というメッセージがこめられています。この時は、卒業を数ヶ月後に控えていたこともあり、このクラスを巣立ち、一人一人が将軍として自分で生きていくんだ、という決意も込められていました。実はこの学級目標、ボクは違う言葉になると予想していました。それまでクラスで生活してきて、大事にしてきたことや合言葉的なものはいくつかありましたから。しかし、リノという女の子が、突然言い出したのが、この「みんな将軍」でした。

「私たちはさ、すごく仲がいいし、一体感もあると思うけど、だからといって、空気を読んだり、無理して合わせているわけじゃないじゃない？　それぞれの意見をもって、それを尊重しあって、生活している。今度はそれを、クラスの中じゃなくて、社会に出て、やっていかないといけないんだと思うの」

　このリノの言葉に、ボクは心底驚きました。そんなふうに自分たちのことを認識していたこと、それを良さとして捉え、これからに生かそうとしていること。ボクの予想を遥かに超えた意見でした。これには一同納得顔。「たしかにそうだね」「みんな将軍って、『え、何？』って思うけど、意味を聞いてみると深いし、私たちらしい気がする」。

それからというもの、何かトラブルや問題があっても、「みんな将軍、なんだろ？どうしたらいいのか、一人一人で考えてみようよ」と彼らにハッパをかけると、彼ら自身も城主として責任をもった言動を考えることを粋に感じてくれていたように思います。「自分たちで考えよう」「自分たちでなんとかしよう」そんな声が絶えず教室に響いていました。おかげさまで、とても楽な三学期を過ごすことができたことを覚えています（笑）。

大切なことは、学級に提案する授業／活動が子どもたちにとって自分ごとになっているかどうか。どんなに正しいことを、どんなに思いをもって教師が伝えたとしても、子どもたちがそれを受け止め、「たしかに」と思わなければ、それは「伝えた」ことにも「教えた」ことにもなりません。

自分ごとになっていれば、子どもは目を見張るような力と可能性を発揮し始めることを、たくさん目にしてきました。そうなれば、あとはそっと支えていくだけ。彼ら自身が自分たちのビジョンを持ち、それに向けて自分で考え、試行錯誤をしていきます。そういう姿が見られるようになると、彼らは俄然生き生きしはじめ、そして――それとは裏腹に、ボクの中には彼らとの別れがちらつきはじめます。
学級の目標を立てるのは、彼らが自分の足で歩き始めるきっかけ、第一歩です。
それは、うれしいようで、悲しいようで……そんな複雑な気持ちにさせられるのが、
ボクにとっての学級目標です。

行事で一人一人のよさを輝かせる！

「行事を経験すると子どもが育つ」

学校界隈でよく聞かれる言説です。まあ、確かにそうなのかもな、とは思います。けど、ここでいう「育つ」っていうのは、何を意味しているのでしょうか。きちんとすること？　時間を守れること？　言わなくてもできるようになること？

もちろん、そういう価値もあると思います。けど、ボクが考える行事の価値は、それだけではありません。大切なことは、「自分たちの、自分たちによる、自分たちのための」行事であること。「自分たちが見たい景色のために」取り組む。「このメンバーで○○に取り組んでよかった」。彼らが心からそのように思えることが、ボクにとっての行事の価値です。

このことについて、一つ例を挙げて考えてみましょう。ボクの勤めている学校には、音楽会という、高学年がクラス一丸となって合奏に取り組む行事があります。

この音楽会では、まず「どの曲を演奏するか」から子どもたちと教員が一緒になって考えます。曲を決めるために、子どもたちはいろいろなことを考えます。難易度、クラスのイメージ、迫力、聞き応え、etc……。これらを踏まえて子どもたちが出した候補曲を、みんなで聞き合い、数曲に絞り込んでいきます。実際の音楽の指導は音楽専科が行いますが、同時に担任も子どもたちの雰囲気を感じ取ったり、教室での声を聴いたりしながら、音楽専科と連携しあって活動を進めていきます。以前担当した6年生では、『ラ・ラ・ランドのテーマ"Another Day of Sun"』（ジャスティン・ハーウィッツ）、『ドラゴンクエストI 序曲』（すぎやまこういち）、『夏色』（ゆず）の3曲を演奏することになりました。

曲決めにあたって、『ラ・ラ・ランドのテーマ』は「クラスのイメージにピッタリ！」とほぼ満場一致で決定しました。割れたのが、他の2曲です。『ドラゴンクエストI 序曲』は、5年生のときの選曲で最終候補に選ばれながら惜しくも落選した曲。しかも提案してくれたカズナリが、大のドラクエファンということもあって、「今年はどうしてもやりたい！」と再び提案してくれた曲でした。

「今年はカズナリの思いにみんなで答えようぜ！」、彼に近い子を中心にそうした声が多くありました。他方で、「それ言い分はわかるんだけど、それを言い出したら去年選べなかった曲全部やらないといけないことになるし、フェアじゃないのでは？」という意見もあり、話し合いは難航。ボクはどうなるんだろうとちょっとワクワクしていました（笑）。

そうした中で一躍候補にあがってきたのが『夏色』でした。「カズナリがやりたい、という言い分だけで選ぶのは違うのでは？」「ドラクエを推したい気持ちもわかるけれど、クラスでやるものだし、明るいイメージ似合う曲もやりたい」。『夏色』は、そんな思いをもつ子たちから支持を集めていました。

このように、相手を尊重しながらも自分の意見をはっきりと言える、というのは、基本的にはよいことだと思いますし、そういうクラスにしたいといつも考えています。ただ、**重要なことは、「その時間が終わったら、あれこれ言わない」、つまり、その時間に関することはその時間内にとどめることです。**あくまでもある事柄を対象として意見を言っているわけであって、ある個人それ自体を肯定・否定しているわけではない。だから、反対の意見を言っても、言われても、それが日常生活に影響することはあってはならないし、自分のこと嫌いなのかな、とか、なんであんなこと言われなくちゃいけないんだ、とか、考える必要はない。いつもそう伝えています。もう一つは、子どもたちの意見を尊重しながらも、**必要に応じて「論点整理」をすること**です。話し合いの司会をボクがすることもあれば、子どもたちに任せることもありますが、ボクの仕事はあくまでも「論点整理」です。話し合いの視点が散逸してきたと感じたら、「今、〇〇について話し合っているよね」「まずはこのことから決めてみたら?」などとサジェスチョンしていきます。

　この場合はというと、まず問題だったのは「曲数」でした。例年、6年生の演奏曲数は2曲。それに対して、最終候補曲が3曲。カズナリの思いを尊重するか、クラスのイメージを大事にするか、その狭間で揺れていたのです。もう一つは、「曲の特性」。『ドラクエⅠ序曲』は、交響曲の仕立てになっているので、聞き応えのある演奏になります。一方で、『夏色』はポップスです。歌詞があって、歌って初めて聞き応えが生まれます。この違いも、彼らを悩ませていました。「いろいろな意見が出ているけれど、要するにこの2つが論点になっているんだよね?」と、板書しながら整理します。すると「あ、たしかに」「まあ、そういうことだね」と納得の様子。ここから、何を解決したらいいのかを考えさせていくのです。すると、カナコがこう言います。

「てかさ、3曲やったらダメなのかな?」

　一同、呆気に取られたようにポカンとしながら、「あー、確かに!」。

　灯台下暗しというか、なんというか……。ここで、再度確認をします。「3曲やれるんだとしたら、この3曲でいいの?」すると「3曲だったら、カズナリのドラクエもできるし、クラスのイメージに合う夏色もできる」。子どもたちはそう言います。「だったら、音楽の先生に、自分たちは3曲にチャレンジしたいんだけど、それでもいいかどうか、交渉したら?」そう伝えて、あとは彼らに任せました。このように、曲決め一つとっても、時間がかかります。ですが、行事の活動が「自分たちのもの」になっていくには、やっぱり練り上げていく時間が必要だと思います。それを、効率を重視して形だけ行事を「こなし」ても、彼らの手元には何も残りません。卒業前、彼らはよくこのときの話し合いについて述懐していました。「時間かかったよね~あれ(笑)」「そう!ほんと大変だった!」そう言いながら、決まって彼らはニコニコしてどこか嬉しそうに話すのです。こうした実感が大事じゃないかな、と思う瞬間です。

いざ曲が決まると、今度は担当のパートを決めます。残念ながら、運動好き諸君を中心に「楽譜が読めない」「弾けない」という子もちらほらいます。どちらかといえばボクもそうしたクチでしたから(笑)、彼らの気持ちは痛いほどよくわかります。

ですからまずは、やりたいパート、自分でもできそうなパート、自分のよさを発揮できそうなパートを選んでいきます。そして決まったら、楽譜を読めるまで精一杯がんばる。「楽譜、読めなくても楽器を選んでいいんですか?」「みんな一通り同じくらいのレベルの演奏ができるようにうまく差配しなくていいんですか?」そうした声が聞こえてきそうですが、ボクはこの方法は理にかなっていると思います。人間、必要だから学ぶんです。必要性もないのにただ楽譜読めたって、それはあんまり役に立ちません。やりたいことがあって、必要性があって、そのために何が必要なのか、何をがんばれないいのか考えて、練習を重ねて、役に立つ実感を得て……このプロセスこそが大事だし、だから能力が身についていくとボクは思います。

「メロディーラインのマリンバをやってみたい」そう言ったシゲルくんは、休み時間も食い入るように楽譜を眺めていました。でも、そう簡単には弾けない。練習では、同じパートで楽譜が読めるレニに手取り足取り教えてもらいます。けど、それでいいんだと思うんです。彼は、自分の「やりたい」のために、必要なことをしているのだから。「ごめん、できない」「わからない、どうしたらいいの?」を自然に言えること。これも、ボクのクラスで大事にしていることの一つです。

さて、『ラ・ラ・ランドのテーマ』では、ソロパートがありました。誰がソロパートをやるか、希望者を募ることに。そこで、タイチが手を挙げました。「先生、おれ、ソロパートやってみたい」。

おお、いいじゃんいいじゃん!と言いかけたその時、彼はこう言いました。「けど、おれ鍵盤ハーモニカだし……」。

子どもたちは、知らず知らずのうちに、何かが「優」で何かが「劣」かを、ジャンルや特技などにおいても比較して、引け目を感じています。鍵盤ハーモニカは誰しもが買わされて好きでなくてもやったことがある、「手垢が付いた」楽器のイメージなのでしょう。けれど、ボクはそれはあまり意味のないことだと思います。例えば、給与の高い仕事をしていれば「優」で、低ければ「劣」かといえば、そうではないはずです。ボクの好きなF1は、ドライバーばかりが目立ちますが、数百人という裏方がいてはじめて成り立つスポーツであって、彼らがいるからドライバーは初めて走れるのだとしたら、裏方の仕事もドライバーの仕事も同等の価値をもつはずで、それぞれがプライドを持って仕事をしているのであれば、違いは「得意」や「特性」だけになります。

この本だってそうです。こうして書かせてもらって、読んでくださる方がいて、じゃあボクは「優」でそうではない先生は「劣」かといえば、そんなことないはずです。それぞれの場所で、それぞれの仕方で、それぞれ素敵なクラスや実践を積み重ね、子どもたちと喜びをともにしている。その事実に変わりはないはずですし、それこそが何よりも尊いことだと思うんです。別に、指導主事だから偉くて、初任だから偉くない、そんなことありえません（笑）。持ち場と特性が違うだけです。

そんな話をタラタラと前置きをしたうえで、タイチに、「あえてみんなの前で」こう言いました。「鍵盤ハーモニカしか弾けない。それの一体何が悪い？鍵盤ハーモニカがなければこの曲は成り立たないんだ。別にピアノだから偉いわけじゃないだろ？」

そして、力を込めて「鍵盤ハーモニカは、弾きようによってはトランペットの音みたいに聞こえるとボクは思う。タイチが全校のまえで鍵盤のソロをやることで同じように『鍵盤ハーモニカなんて……』と思っている全校児童のイメージを変えられるんだぞ？」まさに第一章でご紹介した「アファメーション」です。

この一言は、どうやら彼に響いたようです。音楽専科にソロパート用の楽譜を書いてもらい、教室で何度も何度も練習をします。途中、どうしてもうまく弾けないところがありましたが、まさに執念で克服していきました。「あー、いつか習った八分音符って、こういう意味か！」

ただ教えても、覚えたことにはならない。やっぱり本人にとっての必要感や、やりたいという思い、文脈に沿っていないと、理解することにはならないんだな、と、改めて感じさせられました。

ソロパートに挑戦したのは、彼だけではありません。トモヤはピアノソロに挑戦することになりましたが、翌日には自分で楽譜を書いてきました。「2パターン書いてきたんだけど、どちらがいいかな」。いやいやいや、ボクに聞かないでくれ！野球しかしてこなかったんだから！（笑）と思い、音楽の先生に聞かせておいで？

と伝えました。だんだんと、「自分たちの音楽会だ」そういう思いが醸成されつつあることが窺えました。タイチにしても、トモヤにしても、内容は違えども、自分のやりたいことのために自分でがんばる、そうしたときの子どもたちの力と可能性を改めて感じさせられるエピソードでした。

本番1週間前。どの曲もほぼ完成、仕上がりつつありました。ただ、どこか物足りない。それは子どもたちも感じていたようです。「まあ、一通りは問題なく通ってるね」そんな声がチラホラ聞かれますが、充実感を得られていないのです。そんな空気を察したボクは、教室に子どもたちを集めて、語りかけます。

「今のままでも、上手だね、すごいね。そう言ってもらえると思うよ。けどさ、そんなことはどうでもいいんだ。人の評価なんて、しばらくしたら消えてしまう。『すごいね』ってどんなに言われても、その言葉が自分を変えてくれるわけではないんだ。この数ヶ月間のプロセスを知っているのは自分たちしかないだろ？　その自分たちが、満足できる演奏なのかどうか。それが一番大事なんだ。

ここまできたら、思い切って、いい意味で自分勝手にやってみたらどうだ？　自分たちの満足のために。そうしたら、単に『すごいね』ではなくて、人を感動させる演奏をすることができるはずだよ」

彼らの姿に引き出されてボクなりに考えた言葉でしたが、ボクの教育観がつまっているな、と気づかされました。

畢竟、優劣や順位などといった他者評価は、社会的につけられたラベルにすぎません。それに踊らされて、振り回されて、自分を見失っていく。そんなオトナがたくさんいます。かくいう自分がそうでしたから、その気持ちもその先にある虚無感も、よくわかるつもりです。他者評価のためにがんばる。こんな滑稽なことありません。彼らには、そうなってほしくないのです。そうではなくて、自分の満足を追求していった先に、共鳴しあえる他者に出会えるのです。**他者評価や見栄えに「閉ざされた」世界から、自分の追求へと「開かれた」**世界へ。そこには彼らへの思いが込められていたのかもしれません。

翌日から、まさに水を得た魚のように練習に熱が帯びていきました。指揮者であるハヤトを中心に、少しのズレもないように何度も何度も同じところを練習していました。「テンポが速くなり過ぎている！」とハヤトが言えば、「いやいや速くなっているのはハヤトの指揮だから」と鋭く返すシオリ。「そこ、こだわっていこうよ」という雰囲気に溢れます。トモヤは、ピアノソロのアレンジだけでなく、曲全体のアレンジも考えてきました。『ラ・ラ・ランドのテーマ』最後のリフ、同じメロディーを4回繰り返すところを、似た音色の楽器ごとに3パートにわけ、わりふります。それは、エンディングに向けて音がだんだん大きく聞こえるような工夫。そして最後の4回目には全員で演奏し、一気にエンディングに向かう。そんな粋な演出を考えてきました。「そしたらさ、その繰り返しのところ、演奏する人以外は座らない？　そのほうが演奏している人が目立つんじゃない？」「ああ、確かにそうだね」「そしたら、4回目に一気に全員立てば、迫力でるかもね」。トモヤの提案に他の人の意見が肉付けされます。しまいには、リフの部分の立ち方・座り方の練習まで始める始末（笑）。けど、彼らは大真面目です。ボクはと言えば、その様子をただ座って眺めているだけでした。「満足できると思ったら声かけて？」とだけ伝えて。

迎えた本番当日。おそろいの衣装に身を包み、今か今かと出番を待つ子どもたち。そんな彼らに、こう伝えました。「楽しくて仕方がない。ずっとこの時間が続いたらいいのにな。そんな風に思える演奏になるよ」彼らは、ニコニコしながらステージに上がっていきました。

ところで、本番の演奏はどうだったか。もはやそれは、ボクにとってはどうでもいいことでした。当日、ステージ上がるまでの思い、積み上げてきた時間、話し合いの日々、それがすべてだからです。まさに、「自分たちの、自分たちによる、自分たちのための」音楽会。「もう楽し過ぎた！」「なんか自分が自分じゃないみたいだった！」という感じ、いわゆる「フロー」の域、「ゾーン」の域に浸りに浸って、自分たちが誰よりも満足して、帰ってきました。

「うわぁ、もう一回やりたいなぁ」口々に言う彼ら。それをフフフと微笑ましく眺めるボク。残念。人生にもう一回はないんです。次、また新しいステージで、また同じような思いに、違う誰かとなれるように。そうした未来は自分でつくるんだよ。と、心の中でつぶやきながら。

[チーム○○]体制の構築!
~大事なことはメンツですか~

昔、『踊る大捜査線』というフジテレビ系列のドラマがありました。あれ、この本の読者層の方々は、もしかしてご存知ない方もいらっしゃるかもしれませんね……。その中で、織田裕二さん扮する青島刑事が、柳葉敏郎さん演じる室井さん――役職はいろいろですが、とにかく偉い人――に、「大事なのはメンツですか」とかなんとかいうセリフがありました(すいません、詳細は覚えていません……)。

この「メンツ」と言う言葉、一体どういう意味なんだろう、と子どもながら思った記憶があります。調べてみると、「体面」とか「面目」とかいう意味になるらしく、それを当てはめると、「大事なのは面目なんですか」ということになりますね。このように、メンツを「体面」とか「面目」としてみると、「大事なのはメンツなんですか」と思わせられる会話やマインドが散見されるように思います。

例えば、保護者が子どもの素行不良の相談に来たとしましょう。そして放たれる

「学校ではちゃんと指導しています」という教師の言葉。まあ、確かにそうなのかもしれないけれど、相手がそう感じていない以上、いくらそう言ったところで、ほとんど意味のない言葉になってしまっているように感じられます。そして裏で、「家庭環境って出るよね」などと、学校での様子と家庭を関連づけようとする姿勢。自分とは別の場所に理由を立てて、安心に向かう気持ち。こうした言葉やマインドには、「自分たちはちゃんとやっている」という、あるいは「そう言いたい」という、ある種の「メンツ」が見え隠れしているように思えてなりません。かくいうボクも、「メンツ」を保とうとして失敗したことが何度もあります。そこでこのセクションでは、保護者の皆様との関わり方について、少し考えていることをお話ししてみたいと思います。

まだ初任だったころ、ユウヤくんという男の子がいました。彼は、カッとしやすい性格で、何かむしゃくしゃすると駆け出してしまったり、物を投げたりすることが何度かありました。ただ、基本的にはすごく素直で大人しくて、読んだ本のことやいまハマっていることについてなど、トツトツとボクに話してくれるお子さんでした。また、走るのが速く運動が好きで、ボクが体育を専門にしていると知ると、すごく喜んでくれていました。そんな彼のお母さんとは、4月の授業参観で初めて出会いました。授業後に「ご参加ありがとうございました」と言うと、「先生がありがとございましたと言ってくださるなんてはじめてです」と伝えにきてくださる、気さくなお母さんでした。お母さん自身、ユウヤくんの性格のことで困っている様子はあったようですが、面談の際など、決してそれを口にはしませんでした。ボクもそのあたりについてはあまり触れないようにしながら、学校での素敵な姿や、心温まるエピソードなど、良い部分をお伝えするようにしていました。そのためか、面談や電話などで話をする限りでは、基本的には良好な関係を築くことができていたと感じていました。

ある日、漢字テストのあと、その結果に怒ったユウヤくんがボクにむかってセロハンテープカッター（教卓の上においてある重いアレです）を投げつける、ということがありました。「とめ・はね・はらい」ができていない、という理由で×をつけたことに怒ったようでした。そして、そのまま教室を出ていってしまったのです。「あぁ、嫌な気持ちなったんだな」と思い、そのときはそっとしておきました。しばらくすると戻ってきて、落ち着いて話をすることができました。彼の思いを聞き、ボクの考えを伝え、その場では納得してもらえたように思いました。

その後、ユウヤくんの家に電話をしました。「実は、かくかくしかじかで……」と。すると、すごくご立腹の様子で、こうおっしゃいました。「うちの子はそんなことしません」「先生の指導がよくないのではないですか?」と。それまで良好な関係を築いていたと思っていたボクは、電話口で呆気に取られ、返す言葉を失ってしまいました。さらに「ユウヤは先生の丸の付け方がよくない、と言っています」と言うのです。これまた仰天、彼は納得をして帰っていったばかり思っていたからです。

それに対して、ボクはついつい言ってしまいました。「実はこのようなことは何度かありまして……」と。その後、どのような末路を辿ったかは、ご想像の通り。「うちが悪いということですか」と御立腹で、話は平行線のまま。4年生だったそのクラスは一年間受け持ち、クラス替えとなってしまったのですが、最後まで折り合いをつけることができずに終わってしまいました。

ボクとしては、すごく丁寧に話したり、対応したりしていたつもりでした。起きた出来事は事実ですし、指導していたことも事実です。そして、それをことさら恩着せがましく話しているつもりも、全くなかったのです。ただ、相手のお母様からしたら、そうは受け取られなかった。蔑ろにされた、子育ての仕方を否定された、そんな風に受け取られたのかもしれません。こちらがどう伝えるか、どんな指導をしているか。そんなことは、どうでもよいことなのだ、とその時、悟りました。大事なことは、相手にどう伝わるのか、ということ。ただその一点なのだ、と。これは、実は学級での指導も、日常生活でも、同じことです。どんなに大事に思っていても、それが相手にどう伝わるか。それが全てです。だからこそ、すごく難しいことですが、可能な限り「相手の立場に立って」「自分が相手ならどう思うのか」、意識していないといけないことを学びました。まるで、相手に憑依するかの如く。

よくよく考えれば、その子のことを一番知っているのは、他でもない保護者の方です。学校での様子、というのは、あくまでもその子の一側面でしかありません。もちろん、学校での姿が、保護者の方の知らない「その子」で、そうした一面もあるのですよ、と伝えることは必要かもしれません。ただそれも、相手がそれを望んだ場合に限り、です。そうでもないのに、「オタクのお子さんは学校ではこんな感じですよ」と、否定的なことを言われても、もちろんいい気分はしないでしょう。学校が正しくて、家庭が間違っている。そんな「上から目線」が1ミリでも伝わってしまったら、保護者の方の中には、心を閉ざしてしまう方もいるのだ。そんなことを、このエピソードから学びました。

それから、ボクは、子どもを「わからない存在」として捉えるように心がけました。あくまでも「ボクからはこう見えるけども、ご家庭ではどうですか? 教えていただけますか?」という感じです。また、大切なのはメンツではなく、「その子」である、というスタンスを明確にするようにしました。例えば、こんな感じです。

・ボクもわからないことがあるので、お家でどんな様子か教えていただけますか？
また、家ではどんなお子さんですか？
・学校では、こんな姿が見られるのですが、ご家庭での様子と比べていかがですか？
・指導が行き届いていないのですが、何かお子様を支える上で気をつけていらっしゃることがあれば、今後の指導に生かしていきたいので教えていただけますか？
こうして話を進めながら、以下の内容を伝えます。「一番大切なのは、○○くんの成長です。学校でもなければボクでもありません。○○くんにとって何が一番必要か、どうすることがよいことか、一緒に考えていきたいので、力をかしてください」。こうやって、メンツではなく「その子」を中心とした、「チーム○○」体制を構築することを心がけるのです。そうすると、思いのほか、いろいろなことを話してくださいます。そしてそれは、日々の指導や支援に役立つことばかりであることに気がつきます。中には、「ムムム！」と思うことをいう方もいるかもしれません(笑)。ですが、それも一つの意見です。「確かにそう言う考えもあるよな」と思って、まずは受け止めることが肝要であることもわかってきました。人と人の関係は基本的には鏡のようにお互いが認識できるようになってから始まるのだと思います。受け止めなければ、こちらの考えも受け止めてもらえません。「上から目線」で偉そうに、「～したほうがいいですよ」と一方的に話されても、その人に本音を打ち明けたいとは思えないでしょう？　それと同じことを、僕らは絶えずしているかもしれない。教師は、そういう反省を常に心がけるべきだと、ボクは思います。

とはいえ、伝えなければならないことももちろんあります。何でもかんでも受け入れ、ただの「良い人」で終わってしまってもいけません。相手の立場に立った後に、ボクが意識していることが2つあります。

一つは、その子の伝えるべき課題をいち早く明確にしつつ、それを1年間の「いつ・どのように」伝えるのか、逆算して考えることです。

これは、その保護者の方との自分との人間関係によって変わってきますから、一概に答えは言えません。「先生、気にしないでどんどん言って！　信頼しているから！」と言ったような気風のよいお母様もいれば、そうでない方もいます。それを察知して、逆算しておくのです。「まず1学期末でこんな話をして、2学期末でこのことについてちょっと聞いてみて……」と言った具合に。最終的に伝えたいことは決まっていますから、そのゴールに向けて「何を・どこまで・どのように」伝えるのが一番効果的かを考えるのです。例えば、学習面の課題を伝える時のことを考えてみましょう。基礎的・基本的な事柄の定着が求められるお子さんだとします。

そのために、家庭で前学年までの振り返りをしておいてほしい、ということを伝える。これをひとまずのゴールとします。

まずは1学期のうちに、家庭での過ごし方について話を伺います。「おうちで塾とかにいかれているんですか？」「習い事などはしているんですか？」などです。これで、家庭ので過ごし方や学習の状況について、おおよそ推察することができるでしょう。次に、2学期のなるべく早いうちに、学習面の課題について明確化し、それを伝えることを試みます。こうしたときには、具体的な結果を基に説明することが効果的だと思います。「先日のテストについて、お子さんなんておっしゃっていましたか？」「お母様、テストの結果、ご覧になりましたか？」など、まずは様子を伺います。その上で、「教室での態度や発表など、すごく一生懸命がんばっています。ただ、～の点を気をつけるともう少し自信を持って学習に取り組めるような気が、僕はするんですけど」というように、あくまでも主語を自分にして、課題について伝えます。そのときも、例の「肯定＋矯正」を使います。ここで、「家でも全然やらないんですよ」「家で話していても何言っているのか全然わからなくて」など、保護者の方の困り感を引き出すことができたらいいと思います。その上で、「じゃあどうしたらいいですか？」ということになりますよね。ここで、「学級でももう少し様子を見させてくださいい」「〇〇さんにとって何が一番いいのか、一緒に考えさせてください」と伝えることが多いです。

そして、2学期の中頃から終盤にかけて。「授業の様子を見ていると、～が苦手であるように思います」「～の考え方があまり得意じゃないみたいですね」など、ボクの解釈をもとに、具体的な方策を示していきます。「算数は、やっぱり4年生の内容が腑に落ちていないと、その先の学年が難しく感じられる、というお子さんがこれまで多かったんです」と言えば、「じゃあ、4年生くらいから復習した方がいいですね」と答えてくれます。そこで、「具体的には、～をしてみてください」とわかりやすく伝える。前には、「天声人語を毎日写経させたら効果があがる、という記事を読みました」と伝えたこともあります。すると「わかりました！明日からやってみます」と2つ返事で取り組んでくださった方がいました。そして3学期には、その成果が少しでも現れる形で進級を迎えたい。それを、最後の面談などでお伝えします。そのときも、具体的に何が変わったのか、伝えられるようにするわけですね。ある意味では、授業の年間計画と同じです。

二つ目は、「こちらが話したいことを、相手に言わせる」です。一方的にこんな課題がありますよ、と言われても、いい気分はしません。ですが、「実は家でこんなところがあって……」と相手がお話されたとき、「なるほど……そう言えば学校でもこんな様子がありますね」と伝えると、納得し、共にどう対応していくかを考えてもらえます。「やっぱりそうですか?実は家でも少し気になっていたんですよね」と。

こうなると、教師は、「一方的に指摘する人」ではなく「悩み事の共感者」になります。課題を指摘しているのに、「わかってくれてうれしいです」なんて感謝される。こうした関係を築けると、その後の「チーム〇〇」体制は一気に前進することになります。このように、大事なことは保護者の方にお話をしてもらうように話を進めると、こちらの伝えたいことも伝えやすくなるわけです。例えば、

・思春期に差し掛かってくるころですけど、ご家庭でどうですか?
・何か困ったことや気になることはありませんか?
・ボクが子どもの頃なんか、家で全然親の言うことなんて聞いてなかったですけど、〇〇くんはそんなことないでしょう。

と言った具合です。もう少し踏み込んだ話ができる間柄であれば、「ちょっと学校でこんな姿が見えるんですけど……」と伝えつつ、「そういうときはなんて言ってあげるのがよいですかね?」などと言ってみることもあります。そうこうしているうちに、「先生のおっしゃる通りです」とか「実は家でもそうなんですよ」などという感じになれば、話は一気に進展します。

保護者の方との話し合いでは、このように○○さんがよくなるための課題や悩みの共有者・伴奏者として、学校と保護者の方が手を携えていく姿勢・意思をはっきりと示すことが何よりも肝要だとボクは思っています。その上で、「どうしたらいいか教えて欲しい」といったように、こちらに支援の手がかりを求めてきたら、なるべく端的に、わかりやすい、具体的な方策をお示しすることが必要です。この場合には、回りくどい説明や、妙に謙った物言いはかえって不親切です。ただ、「～するべきだ」というような言い方ではなく、例えば

・ボクが子どものころは～してもらえるとありがたかったです。
・以前、受け持っていたお子さんに、～をしてみるとうまくいきました。
・聞いた話ですが、～をすると人は話を受け入れやすくなるんですって。

など、伝聞形式や自分の経験談などを交え、柔らかい表現で伝えるようにします。ここでも、「うまくいくにはIがいる」あくまでも主語を自分にして話すのです。「○○さんは～すべきです」なんていう断定的な言い方をしてはいけません。保護者の方は「はい、そうですか」しか言えなくなってしまいます。そこでコミュニケーションは閉ざされてしまうからです。その際に重要なことは、具体的に何をしたらいいのかがわかりやすいことです。「あ、ここを変えたらいいのか！」という方針が見えるように伝えることが大事になってくると思います。

逆に、ボクにもわからないことがあります。それは当然です。ボクは教師ではありますが、その子でもなければその子の親でもありませんし、カウンセリングのプロでもありません。わからないこと、どうしたらいいだろう、と悩むことは素直にそう伝えることから逃げてはいけない。

その上で、「スクールカウンセラーに相談してみてもいいですか？」とか、「ボクもよりよい方法をしりたいので、一緒に養護教諭の話を聞いてみませんか？」などと提案をしています。肝心なことは、「ボクもわからないから、○○さんのために一緒に知りたい、一緒に考えたい」という思いをきちんと伝えること。それが伝わり、「悩み・困りの共有者」になっていれば、「いいんですか？」とか「是非お願いします」とか、肯定的なお返事をしてくださることが多いです。

保護者の方への対応は、若い先生の悩み事の一つだと思います。ご紹介した通り、ボクもうまくいかないことがありました。けど、忘れちゃいけないのは、誰よりもその子のことを考えているのは、その保護者様だ、ということ。ボクの尊敬する先生が、「子どもはご家庭からお預かりした宝物なんだよ」と、仰っていましたが、全くその通りだと思います。それを飛び越えて、先生だからって「上から目線」で話しては、伝わることも伝わりません。「宝物を一緒に大切にしていきたい」という思いとメッセージが、何よりも大切です。きっと、メンツやプライドなんかよりも。

「考える」ことを授業の中心に!
~教えたかどうかを決めるのはボクたちではない~

小学校時代の思い出を、思いつくぶん、挙げてみてください。

そう言われたら、いくつ思いつきますか? 案外、思い出せないのではないでしょうか。かくいうボクは、全然思いつきません(笑)。廊下にある教室表示の札を壊して怒られたことと、小六の頃、髪の毛を油性ペンで塗って怒られたことと、小三の時に温度計を落として「やっぱりやると思った」と呆れられたことと……。要するに、怒られたことしか覚えていません(笑)。当時の先生には本当にごめんなさいなのですが、授業の中身についてはほとんど何も覚えていないのです。

このように、人が何かを記憶する、というのは、すごく難しいことです。だから、我々が「教えた」と思っている某は、実はほとんどが「教えたつもり」になっているだけで、ほとんど教えられてないんです。まず、そのことを教師はちゃんと自覚する必要があると思うんです。じゃあ、どういうときに記憶するのか。どういう風に賢くなっていくのか。というと、それはいくつか条件があると思っています。

一つは繰り返していますが、「おもしろい」こと。ワクワクする、ドキドキする、やってみたいと思う、そんな風にモチベーションやインスピレーションがわかないこと、感情が動かないことは、あまり覚えていません。

だから、ぼーっと授業を受けている、とかいうのは、実は全く教えたことにはなっていないんですね。この「おもしろい」ということには、funnyとinterestingという2種類があります。どちらもワクワクドキドキ、感情が動くのですが、どちらかと言えば、funnyは雰囲気だったり気分だったりするような気がします。だから、導入をクイズにしてみたり、フラッシュカードゲームをしたみたりする、というのは、funnyな雰囲気づくりのための手立て、ということになって、それはそれでとても重要です。重要なのは、「ふざけてたのしい」とか「楽だからたのしい」とかいうのは、違うということです。だからボクは「ふざけてたのしい」と「おもしろい」は全然違うことだよ、と子どもたちによく言います。

ですが、残念なことに、funnyだけでは考えること、賢くなることにつながりません。リラックスして授業が受けられる心構え、雰囲気は作れますが、それ自体が「おもしろい」わけではないからです。じゃあ、どうしたらいいか。学習材のinterestingな部分が必要です。つまり、「追究しがいのある奥深さ」です。これは、教科の土台となる文化や科学のもっているそれであると言い換えてもいいかもしれません。これを、「中核的なトピック」と言ったりします。この本では五月のところで「幹」という言葉を使って説明してきましたね。子どもたちは、単にfunnyなだけでは途中で飽きてしまいます。funnyな雰囲気を作り出しつつ、教科のもつinterestingな部分に出逢わせていく。それが肝心です。こうなると、ワクワクドキドキだけではなく、「どうしてだろう?」「もっと違う考え方ができないかな」「他にはないかな?」など、問いが生じてきます。そして、「もっと考えてみようよ」というストーリーを作り出すことができたら完璧です。

このinterestingな部分は、それほど難しい話ではありません。体育については○ページに紹介しましたが、例えば国語の文学教材であれば「自分との対話」ですし、算数であれば「日常生活を数理的に見るよさ」や「合理性・完結性」でしょう。社会であれば「社会構造のもつ包摂と排除」「価値葛藤」になります。こうしたことが教科の土台にある文化や科学の側がもつinterestingな部分だ、ということを理解しておけば、あとは教材を子どもたちに合わせていくだけのことです。このinterestingへの出逢わせ、これが２つ目に重要なことになります。

そして３つ目は、ストーリーです。

ただぼーっと聞いているだけでは、思考が働かないので、一人一人の中でストーリーが出来上がりません。ですが、ドキドキワクワクや、どうしてだろう？　もっと調べてみたい！といった感情が動くと、彼らの中でストーリーが出来上がります。実は、このストーリーに沿って物事を考えたり、試行錯誤したりすることで、理解は一層深まります。実は、僕らがよく覚えていることのほとんどはこのストーリーがセットになっているのです。「あーあのとき〇〇が悪さして、それで先生に怒られたっけなぁ」みたいな具合に。だから、授業を展開していくときも、子どもたちとやりとりをしながら、ストーリーを一緒に作っていく、そういうスタンスが必要になります。

4つ目は、「外化」です。外化とは、簡単に言えば自分の考えを外に表出すること。人は、頭の中でぐるぐる考えていても、考えたことにはならない、とすら言う人もいます。考えたことは、しゃべったり、書いたりしながら、はじめて考えたことになる。ほら、意見を求められて話してみて、「あ、自分ってこんなこと考えていたんだ」と気づくことって、ありますよね？　そんなイメージです。

だから、授業中、自分の考えを書く、というのはすごく大切なことです。ただし、どうでもいいことを書かせていたら、子どもたちは書くのが退屈になりますから、interestingなことに関わる、自分の意見や疑問を書かせるのです。他には、少人数での対話、というのがあります。思ったことや感じたことを、少人数でどんどん話し合い、問いに迫っていく。そんな感じです。こうやって議論をすることで、自分の考えは表出されるとともに、他者の意見を聞いてブラッシュアップされていくことが期待できます。このときに気をつけたいのは、「意見を否定しない」を徹底させること。批判的に検討することはあっても、「それは間違っている」と断定的に否定するのは、ご法度です。「なるほど、そういう考えもあるのか」という受容するスタンスで話し合うよう徹底し、そうした話し合いができている班を賞賛します。また、話し合いの前と後との、自分の考えの変化をノートに記述させるのも効果的です。他者の考えに触れることで、自分の考えがわかったり、書き変わったりする。第1章で触れた「建設的相互作用」はまさにこれにあたりますが、こうした事実を自分で認識することは、メタ認知的思考として、理解力や思考力を高めます。

最後に、既有知識を使うことです。既有知識とは、読んで字のごとく、すでに持っている知識、情報のことです。それらは、使われて初めて意味がわかる＝理解（概念的理解と言いますが）されます。

フラッシュカードで暗記しました、というのは、実は理解にはなっていないんですね。そうした、知っている情報を使って、問題解決をすることによって、知っている情報それ自体について一層深く理解することできます。ですから、意図的に情報を与えて、それを使って考えざるを得ないような状況を作り出し、グループで試行錯誤させたり、自分の考えを書いたりさせることはよくあります。「知識構成型ジグソー法」はまさにその代表的な手法であるといえるでしょう。

ここで、いくつか例を紹介しましょう。例えば、算数であれば、よく「公式」を先に伝え、なぜその公式が導かれるのかを考えさせる、という授業をします。課題解決場面で回りくどく考えを出させ、そこから公式を練りあげる、という手続きも重要だとは思います。ただ、子どもたちからしたら「結局、公式は○○でしょー」と話半分に聞いていることも少なくありません。そうすると、せっかくの課題解決場面での試行錯誤がおざなりになってしまいます。それを逆手にとって、まず公式を教えてしまう。そして、なぜその公式になるのかを、図や言葉を使って説明させるのです。三人一組をつくって、話し合いながら考えさせ、考えたことをノートにまとめる、という方法をとることが多いです。そうすると、子どもたちは案外じっくり考え出します。公式がすでに頭に入ってしまっている人ほど、困った顔をすることもしばしばです。そうしたお子さんは、すでに塾に通っている場合が多く、「勉強ができる」というふうに見られていることも少なくありません。得てして、そういうお子さんほど頭が固かったりします。

そんなとき、柔軟に考えることのできる他のお子さんが、公式を導き出される理由を発見したりすることがあります。このようなときが、学級づくりと教科学習をつなげるチャンスです。試行錯誤しながら粘り強く考えることをあきらめない児童を称賛することができますし、「あの子は頭がいい」という、子どもたちにありがちなレッテルを書き換えることが可能になります。そして、いわゆる「お勉強ができる」子が偉いのではなく、「わからないことに一生懸命向き合うことを求めている」というメッセージを伝えることにもなるのです。

また、六年生社会では「三人の武将の中で天下統一に最も貢献した人は誰か」という授業を行ったことがありました。三人一組をつくって、織田信長・豊臣秀吉・徳川家康の三人の武将について、調べる担当を決めます。（調べ方いれる）その上で、天下統一にいかにして貢献したのか、ということについて主張ができるようにしておきます。これは、先ほどいった既有知識にあたります。まずは、問いについて考えるための情報集めをするのです。次に、同じ武将について調べた人同士で、検討会を行います。自分の調べたこと、自分の主張が適切であるかどうか、同じ武将について調べた人同士で話し合い、調べた内容や主張のブラッシュアップをさせるのです。その上で、元の班に戻り、三人のうち、最も天下統一に貢献した人は誰かについて、議論を行います。ここまで読んでお気づきの方もいるかもしれません。そう第1章で紹介した「知識構成型ジグソー法」からヒントを得て考えた実践です。

それぞれが調べてきた武将について思い入れを持っているからこそ、他の武将について の報告を熱心に聞く子どもたちの姿が見られました。例えば信長について調べた子であれば「自分の主張を凌駕する点があるかどうか、自分の主張の方が優れている点はどこか」を明らかにする必要があるからです。この際にも、相手の話を聞いてすぐに否定するのはご法度です。まずは受け入れる。「いや、信長の方が優れているでしょ…」と思いながらでも。この授業の議論は極めて白熱しました。やはり人気の武将、ということもあり、彼らの思いも深いものがあったのでしょう。

「一国一城、と言う仕組みを考えた秀吉が、それまでバラバラだった武士を統一したんだって」「まあ、わかるんだけど、その仕組みを最初に用いたのは、信長でしょう？秀吉の政策は、ほとんど信長の受け売りなんだよ」なんて、大人顔負けの議論。はっきりいって、ボクはついていけないので、「へ～」と言いながら聞いていました（笑）。結構、勉強になります。そんなこんなで話していると、こんなことを言う子がいます。「ごめん、一国一城ってなに？」ここで、全体の議論を一度止めて、その様子をモデリングするわけです。

「今ね、モモカが、『ごめん、一国一城ってなに？』って聞いたんだよね。これが大事なの。わからないことはわからない、と言えることが、学ぶには欠かせないんだ。それは恥ずかしいことではない。そしたら、わかる人がわかりやすく教えてあげればいい、それだけだよ。モモカ、それでいいんだよ」

この授業では、もうやめてくれ、と言っても議論を辞めようとしない子どもたちの姿がありました。お願いだからやめて……次、専科の先生待ってるから……（笑）。

その日の学習感想文には、こんなことが書いてあります。

「議論はおもしろかったんだけど、何を天下統一というか、ということがはっきりしないことには、決められないのでは？」

この感想を、待っていたんです。このような、より高次な新しい問いが生まれてくるということこそが、考える＝理解する、ためのストーリーが彼らの中で出来上がっている証だからです。すかさず、次の授業でそのことをみんなに問います。「そうそうそう！おれもそれ思った」「確かにそうなんだよね！」と彼らも同意の様子。そこで次の時間、天下統一の条件や要素について整理することにしました。

軍事・経済・領土など、いろいろな要素が出てきました。反乱の阻止、といったキーワードも出てきました。要素ごとに、貢献した人は違うのですが、統一国家を作る上でのキーファクターが浮かび上がってきたのでした。これを、現代社会と繋げて考えてみます。実は、現代社会を構成する要素とつながる部分がたくさんあることに子どもたちは気づいていきました。ですが、同時に、「今までの当たり前を制限されて、しかも身分制度もあって、それで満足だったのかなぁ」。この新しい問いを出発点に、江戸時代の考察に入って行ったのでした。

ワクワクドキドキを引き出し、ストーリーを生み出す、と言う点では、今年度（令和2年度）では「都知事選の模擬投票をしよう」という実践を行いました。

小池百合子都知事の再選が有力視されていた都知事選、十二歳の君たちは誰を選ぶ？　と投げかけます。「えー誰だろう」「考えたことなかった」そんな声が聞こえてきます。そこで、「じゃあ、選挙の掲示板をまず見に行こう！」と、突然学校を飛び出し、選挙ポスターを見にいきました。

「え、こんなに立候補している人、いたっけ？」「案外、たくさん立候補してるんだなぁ。なんで知らないのだろう」

毎日目にしていないながら、案外よく読んではいないことを子どもたちは知りました。

ここですかさず、「さあ、誰にする？」と子どもたちに呼び掛けると、「いやいやいや、選べないでしょ、これだけじゃ」。じゃあ、候補者についてもう少し調べてみないといけないな、と、投票先を決めるために、まず候補者の主張やマニュフェストについて知らないといけない、という流れを作ります。

まさに、ストーリーを繋げていく作業です。子どもたちは、新聞やウェブサイトを用いて、熱心に調べました。すると、学習感想にこんなことを書いてくる子が多くいました。「選挙って、どういう仕組みになっているの？」

ここで、教科書を使って、今一度、選挙の仕組みについて確認をします。そして、「今、自分たちがしようとしていることは、どこに当たる？」と発問し、社会システムの中でどういった役割を果たそうとしているのかを明確にしました。さらに、こんなことを呟く子も。「この候補者、案外いいこと書いているじゃん」「どうしてテレビで取り上げられないんだろう」

もっともなことです。一人一人の候補者の声を大切にすべきですよね。しかし、メディアは注目に値する候補者しか取り上げないわけです。「それっておかしくない？」またストーリーが繋がっていきます。ここで、五年社会の情報単元へと戻ってみました。メディアの役割、情報の出し手を受け手、すでに学習したことですが、いざ当事者になると「なるほどそういうことか」という納得した表情。模擬投票は

3クラスで実施したのですが、クラスごとに異なる結果となりました。子どもたちは、東京の暮らしをよくしてくれる候補者は誰か、根拠を明確にして考えたあとが、彼らの記述したノートや言葉から窺えました。模擬投票をした彼らは、その日の夜の選挙速報を食い入るように見たことでしょう。翌朝、「自分の投票した人はどうしてダメなだったんだろう…」と話す声が聞かれました。

この授業のあと、「そもそもさ、東京の暮らしをよくする、っていうけど、どんな暮らしが良い暮らしなんだろうな」と発問し、縄文時代と弥生時代の比較、「タイムスリップするならどっち？」の授業へと、つながっていくのでした。

冒頭でも述べた通り、そう簡単に理解する、ということはできません。理解するための条件を我々がまさに「理解」しておき、それらをパーツとして授業を組み立てていく。interestingなことに向かって、考えること、対話することが当たり前の教室空間を作っていく。こうする。彼らの問いや気づきを大切に、ストーリーをつないでいく。ボクはそうやって、「考える」授業をつくっていきます。

「教えた」かどうかを決めるのは、僕らではなく学んだ彼らです。彼らの感想文の記述や何気ない発言などを受け止めながら、表面的な理解ではなく、腑に落ちた理解になっているかどうか。これが、「教える」ということではないでしょうか。

「考える」ことから「本質」を導くということ

名越花菜

私の思い出に残っているクボケンの授業は、6年生の時の社会で『江戸幕府の政策は果たして「平和」であったのか』という問いをもとに考えて、みんなでそれぞれの考えを共有した授業です。

なぜこの授業が思い出に残っているかというと、クボケンが私たちに4年生から6年生の3年間を通して言い続けていた「常に考える」ということや「考えることから逃げない」といった、「考える」ことについての象徴的な授業だったからです。

問いをもとに自分で考えて、クラスのみんなの考えを聞き、クボケンが新たな問いを投げかけ、そこからまた考え……というサイクルを繰り返している中で、自分の考えに対する「おもしろさ」も、自分とは違う考えであっても話しているうちに見つけられた「おもしろさ」など、「考える」ことを通して考えの一つ一つに、この授業であれば核となる部分である時代によって左右されない「平和」という、「学びの本質」を見いだせたからです。

私はこの授業を通して、「考える」ということは大切だから行うといったものではなく、そこには「考える」ということを通して見つけた自分にとっての「おもしろさ」などの「本質」にたどり着いたときに感じるものを求めて行うことだと学びました。

私は中学生になってから、とりわけコロナの自粛期間の生活でこの学びが糧となったと感じます。自粛期間の生活ではいつもより心にゆとりがあり、「考える」機会も多く、特にコロナウイルスのことについてはなによりも考えました。このような苦しい時だからこそ、社会の授業で導いた自分なりの「平和」ということにつながる部分もあったと思います。

毎日嫌でも耳に入ってくるコロナのニュースからは、クボケンがよく言っていた「自分ひとりが考えてもだめだと思ってはいけない」という言葉を思い出して、「どうすれば明るい未来が来るのか」と一つでも二つでも、「考える」ということから「本質」を導き出して、小さなことでも「前向きな未来」を考えました。今は、その小さな可能性を行動に移して、世の中を変えるなんてことはできないけれど、「常に考える」ということをしていくうちに無限の可能性が生まれることは確かです。

そして、10年後、20年後……と行くうちに「考える」ということから未来をつくることができるはずです。私は「常に考える」ということから逃げたり、やめたりしたら、もう終わりであり、社会の授業で学んだように「本質」にたどり着くところまでいかないとつまらないと考えています。

だから私は、何かを「考える」ことから「本質」を導くということを大切にして今を生きています。そして、これからもずっとそのように生きていきたいです。

「価値を生み出す」子どもたち
～人の価値観に縋るな、価値は自分でつくりだせ～

六年生であれば卒業、五年生以下であれば進級が目前に迫る2月。子どもたちとの時間も残りわずか。3月は、卒業・進級の準備に追われることから、実質的に彼らと濃密な時間を過ごせるのも、この2月だけとなります。4月からこれまで、たくさんのことを学び、体験してきました。それもこれも全て、自分の人生は自分で歩いていく、いわば自立を目指して取り組んできたわけです。ボクは、子どもたちに、「おれの言う通りにしろ」と徒党を組みたいわけでも、「こうやって生きていくべきだ」と言いたいわけでもありません。

考える材料、環境を作り出し、多様な意見や個性を尊重しながら、一人一人の考えを更新していく。いわば、「絶えざる自己更新」を子どもたちとともに行っている、とでも言えるかもしれません。そんなボクの一年のまとめの2月。自分自身はどう考えるのか、どう生きていきたいのか、そうしたことを問う、自分に向き合う授業を多くします。

例えば六年生の戦争単元。「果たして戦争は是なのか否なのか」という問いを子どもたちに発しました。「そんなの否に決まっているじゃん」子どもたちは口々にそう言います。けど、おかしな話です。「否に決まっている」にもかかわらず、歴史の学習は常に戦いがクローズアップされます。殺し合いについて学んでいる、そう、いっても過言ではないようにも思います。

「○○の戦いで□□が勝ったの、すごいよな」「戦国武将で言えば、一番強いのは○○だよね」。こんな会話が聞かれることも珍しいことではありませんが、よく考えてみると、殺し合いを礼賛しているようにすら思えます。

それなのになぜ、「戦争は否」なのか。そうした固定観念を崩せないから、いつまでも争いはなくならないのではないか。


このことについて考えるため、第一次世界大戦および第二次世界大戦の最中に、日本が置かれた状況や国際情勢について調べました。そして、調べたことを元にグループディスカッションを実施しました。子どもたちは、欧米列強に飲み込まれてしまうかもしれない日本の状況、すでにそうした事態になっていた中国の状況などを整理しながら議論をします。それに打ち勝つには、対抗できるだけの武力を持たなければならない。それはある種、必然の結果なわけです。さらに、経済を回すためには資源が必要となることにも着目します。「そもそもアメリカがペリーをよこしたのも、太平洋の海洋資源を得るためだった」「アヘンもそうだよね」「香辛料とかっていうのも出てくるよ」。彼らは調べたことをもとに、領土拡大戦争は同時に、資源を得るための戦争でもあったことを知るのです。ここで、五年生での工場の学習が生きてきます。「殖産興業」を旗印に、近代化を推し進めた日本。その工場を運営していく資源もまた必要になることに気づいていきます。戦争をしなければ、欧米列強の属国になってしまう。戦争をすれば、多くの犠牲が伴う。究極のパラドックスに苛まれている事実を確認していきます。

すると、「戦争なんて絶対ダメに決まっているじゃん」と声高に主張していた子どもたちも、黙り込んでしまいました。「これさ、どうしようもなくない？」「いくも地獄、戻るも地獄ってやつだね」。

社会の授業の「おもしろさ」は、こうしたいくつかの要素の対立や価値葛藤場面に対峙し、「ではどうしたらいいか」を考えることにあるとボクは思っています。その最中で、一人一人の「あたりまえ」が大きく揺さぶられていく。ここに、学びが生まれるわけです。

結局、彼らが出した結論は、「当時の状況下での戦争はやむを得なかった」という、驚きの答えでした。これは、学校教育的にはご法度かもしれません。ですが、この教室では、そうじゃないのでは。

彼らが考え抜いて出した結論がすべてなのでは。戦争を肯定しているわけではなく、葛藤している姿は、まさにいま戦争の火ぶたが落とされかけているかのような迫真のものでした。

そして彼らは、「戦争が是なのか否なのかを考えるだけでは問題は解決しない」と言いました。

「どういうこと？」とリボイジング（＝問いかえすこと）をすると、マッコがこんなことを言いました。「要するに、モノがたくさんあれば幸せだ、という考えのもとでは、奪い合いというのはなくならない。それは、弥生時代もそうだった」と。

ここで、以前行った「縄文時代と弥生時代、タイムスリップするならどっち？」の授業を振り返ってみました。コミュニティで生きることを是とする縄文時代と、米の蓄財により発展しながらも、身分差と争いが増えた弥生時代。「当時、タイムスリップするなら」という問いの答えは、約半数ずつと、これまたなかなか白熱した議論になったことを子どもたちは思い出していました。そして、マユが続けます。

「技術は変わったけれど、結局やっていることは変わらないんじゃないかと思う」。

さらにヒカル。「つまり、考えないといけないことは、戦争が是か否か、ではなくて、モノがたくさんあれば、幸せなのか、ということなんだ」。

　果たして、モノに溢れていれば、お金がたくさんあれば、学歴があれば、幸せなんだろうか。それを豊かというのだろうか。

　これは、ある意味、究極的な問いです。子どもたちは、そのことについて大真面目に考えていたのです。「そう言われてみればさ、ＳＤＧｓとかって、今言っているじゃん？あれさ、縄文時代っぽいよね」「豊かとか幸せとかって、モノがたくさんあればいい、ということではなくない？　だって、楽しい時って、鬼ごっこでも楽しいじゃん」。自分たちの日常生活と照らし合わせながら、豊かとか何か、ということについて、考えます。最後に、「あなたが考える豊かとは何か？そのために、これから『どうなることがよいこと』なのだろう？」という問いについて、一人一人が自分の考えを書きました。

　ここまでくれば、もはやその中身はなんだっていい。自分が考える豊かについて、自分で考える。ボクや社会の価値観と同じじゃなくったって構わないわけです。十二歳なりに、自分はこう思う、ということを、堂々と書く。その積み重ねが、社会に生きる主権者、主体者をつくることになるのではないかと、ボクは考えています。絶えず「当たり前」を揺さぶり、どうすることがよいことなのかについて、自分の頭で考える。それが、これから移り変わる社会で、一番必要な力じゃないか、なんてことを思ったのです。

総合的な学習の時間では、教科や領域横断的な活動に数多く取り組んできました。体育のマット運動から発展させ、連続技を複数人でつなげたり、同時に演じたりした「マットパフォーマンス」では、マット運動だけではなく、音楽の要素、組体操の要素、ダンスの要素を取り入れ、クラス全員がそれぞれのよさを生かせる活動をつくりました。子どもたちの意見を取り入れながら、みんなで一つの作品をつくっていく。それを保護者や全校児童の前で披露し、子どもたちは大きな自信を得ました。また、劇や映画の作成にも取り組みました。映画づくりでは、脚本から必要な役、照明や小道具作りなども子どもたちが行います。途中、なかなか思うように活動が進まず、活動が停滞することもありますが、その度に「自分たちはどうしてこの活動をしている

のか」「この活動を通してどのような作品をつくりたくて、何を目指しているのか」

そういったことを確認し、それに向かうための課題を整理しながら、少しずつ完成を目指していきました。さて、この映画づくりについて振り返り、本節のテーマである「価値は自分でつくりだす」ということに迫りたいと思います。

六年生のクラスで取り組んだこの活動。最初は、「CMコンテストをしよう」という合科的な活動としてはじめました。自分たちが作ろうとしていた「ホラー映画」を作成するにあたり、その予告CMを、4人1組で作成し、どのCMが最も魅力的であったか、全校児童に選んでもらおう、というものです。

映像表現をつくるには、どういった仕事・役割が必要になるのかということを体験しながら学んでいくことに加え、4人1組という設定上、全員が活動に取り組まなければならない＝全員が自分ごととして活動しなければならない、という状況を作り出そうと思い、考えたものでした。

幸い、すでに脚本はあがっていましたので、その脚本をみながら、どんな予告CMにしたらいいのかをグループで考えたり、実際の映画のCMをみたりしながら考えました。驚いたのは、同じ脚本から出発しているにも関わらず、8グループそれぞれが全く異なる映像表現がなされていたこと。映画館の広告でよく流れる「映画泥棒」の「カメラくん」を登場させたもの（カメラの形の被り物は自分でつくっていました）、全くセリフがなく、映像だけでメッセージを伝えようとしたもの、日常生活の中に映画の世界が垣間見られるもの、etc……。制作段階から活気に溢れ、「こうしたらいいんじゃない？」「あ、それいいね！おもしろそう」そんな共感の声やアイディアが教室の至るところで聞かれました。「他のグループの作品はどんな感じになっているんだろう」CMコンテスト当日を、他でもない自分たちが一番楽しみにしている、そんな状況でした。

結果的に、CMコンテストは大成功でした。「6年1組のCM、すごくおもしろかった」と下級生からいってもらったのも、うれしかったようです。ただ、問題はそのあとでした。CMコンテストで取り組んだことを活かして、今度は当初の目標だったクラスで1つの映画制作に取り組みます。しかし、これがなかなか思うように進みませんでした。まず、4人で1つを作っていたのから、35人で1つに変わります。裏方業務も役割分担し、小道具を作ったり、レフ板（光を反射させる板）を段ボールとアフミホイルで作り、光の当たり具合を調整したり、それぞれに熱心に取り組んではいました。ただ、どうしても手持ち無沙汰になる子が出てきているように見えたのです。また、脚本をベースに演出を考えるトオルやシンジの話し合いがうまくいっていないように見受けられ、撮影が滞ってしまう日が多く続いたのでした。ボクとしては、撮影スケジュールに準じた撮影プランを彼らがたて、それに合わせて撮影が進んでいく、そんな様子をイメージしていたからかもしれません。プランを立てるというよりも、「とりあえず撮ってみる」という、ある意味「場当たり的」な感じに見えました。そんな様子だからこそ、当然、撮影スケジュールはどんどん押していきます。どうしたもんか……。彼らにある程度委ねつつ、それを観察しつつ、頭を抱えてしまいました。

そんなある日、「映画の撮影をしたい」という子どもたちの声に応え、時間割を変更し、撮影時間にあてました。しかし、それまで同様、どうにも撮影が進みません。しまいにはだんだんと「ダラダラ」した雰囲気が流れだす。見かねたボクは、「やる気があるのか、ないのか、どっちなんだ？やるかやらないか、どっちなんだ」

こうした空気は子どもたちも感じていたようで、「ちょっと話し合おう」と、子どもたちだけで今後の活動についてミーティングを行いました。「やる気がない」「やめたほうがいい」「これで形だけやってもしかたがない」マキやかカズミは、そんなふうに主張します。ボクと同じような感想をいただいていたようです。一方でカナコやスズ、シュンは、「クラスで最後の取り組みだから、なんとかしてみんなでやろうよ」「気持ちを切り替えて、みんなでゴールまでやりきろうよ」と涙ながらに訴えました。「いや、そうやっていっても、変わらないじゃん」「それを今から変えようよ」。彼らによる本音のぶつかり合いは白熱しました。

そのときです。いつもは寡黙なシンジが、語り出したのです。

「先生には、ふざけているように見えたのかもしれない。けど、それで、やる気がないのではないか、と判断するのは、おかしいんじゃないかと思う」

「なぜなら、これはボクたちが誰もやったことのないことで、時間がかかるのは当たり前だと思うから。というか、はっきりいってやってみないとわからない。やってみて、撮ってみて初めて、『これじゃうまくいかないい』『もっとこうしたほうがいいいんじゃないか』ということがわかったり、考えが浮かんだりすることはあるし、それがおもしろかったりする。例えば、計画通りに進めたとして、すごくつまらない、つじつまが合わない映画をつくって、それで満足か、と言えば、自分は満足できない。やりながら見つかっていくことは多いし、それを『学び』と言うんじゃないかと思う。時間はかかっているかもしれないけれど、自分はそうやって、いいアイディアが浮かんできたり、こうしたらいいんじゃないか、と考えたりしているし、それがおもしろいな、と思う。だから、暇な時間に遊んでいる人がいる、というのは、確かに改善したほうがいいとは思うけれど、時間がかかることは、別に問題じゃないんのではないかと思うんですけど」

そう言われた瞬間、返す言葉が一つも浮かびませんでした。どう考えても、シンジの言う通りでした。それを、シンジは、理路整然とボクに主張する。あの寡黙でおとなしいシンジが、はっきりと「それは違うと思う」と主張したのです。卒業を目前にして、完成しないのではないかと焦っていたのかもしれません。何とか活動を締めくくり、大団円を迎えたい、そんな思いもありました。ただ、そんなボクに対してもシンジはNOを突き付けました。

「終わらせるために活動をするのだったら、やめたほうがいいと思う。活動のために活動をしているのではなく、よりよいものを作りたいから、それがおもしろいからやっているのであって、結果、卒業までに終わらなかったとしても、それはまた別の問題で、その時に考えたらいいと思う」。

それを聞いて、ボクはシンジに、みんなに言いました。「シンジの言う通りだと思う。先生が間違っていた。先生は、終わらせるために活動をしていたのかもしれない……。たしかにそうだな、シンジ。よりよいものをつくることがおもしろいからやっているんだもんな。一番大切なことを先生は忘れていたのかもね」

「それなら…」と、クラスをリードするナツミが話し出します。「よりよいものをみんなでつくろう、ということを共有して、そのために何ができるかを一人一人が考える、それでいいんじゃない？」

「映画を撮るか」「やめるか」という二項対立に終始していた議論が、シンジの発言をきっかけに「映画をつくるということとその時のマインドセット」に止揚されたのです。子どもたちは、卒業をしていくその前の日まで、必死に映画を撮影していました。「クボケンのクラス、明日卒業するんだよね？」。そう同僚に笑われながら、ボクはこう返しました。「いいんです。よりよいものを本人たちが作りたいと思って走り回っているんだから。こんなに素敵なことはないですよ」。

シンジの発言は、ボクに衝撃を与えました。意見を述べているようでいて明らかにボクに向けられた発言であったし、しかもボクの話を否定する立場を明確に取ってきたからです。わかりやすく言えば、「先生、それは違うでしょ」と言いたかったんだろうと思います。そんなふうに思わせてしまったことに、申し訳ない気持ちになりました。そして、自分は何をいっているんだろう、と情けない気持ちにもなりました。でも同時に、なんだか不思議なことなんですが、とっても嬉しい気持ちにもなったんです。「この子たちは、ボクの言いなりではないんだな」「ちゃんと自分で考え、自分の意思をもっている。必要であればそれをきちんとつたえる、そうしたことができるんだな」と。

彼らは、ボクから巣立っていたのかもしれません。「先生、それは違うよ」「自分たちはこういうことがしたいんだよ」「自分たちはこれが価値あると思っているんだよ」そういうメッセージをぶつけてきてくれたこと。ぶつけられる子どもたちになっていたこと。自分の誤りに気づかせてくれて、ボクに迎合することなく、自分たちの意思を最後まで貫こうとしてくれたこと。皮肉にも、ボクへの否定が、ボクが目指していた子どもたちの姿を垣間見せてくれたのでした。それがたまらなく嬉しい。否定されているのに、嬉しい。「そうだ、それでいいんだ」。

そんなシンジの言葉が、今でも忘れられません。

くぼけんの授業・言葉で思い出に残っていること

大澤冬萌実

くぼけんがいなかったら今の私は存在していなかったと思います。私はくぼけんに出会ってから変わったのです。先生の、持ち前の明るい笑顔と多様性を引き出す姿勢のおかげで私は自分自身に正直になれたし、自分の意見を表に発信することの楽しさと、それに伴う責任を教えていただけたと感じています。

今回は私たちのクラスとくぼけんとの生活の中で特に私の中で大きかった出来事と先生からの言葉をご紹介させていただきます。

先生はいつも、私たち自身に「考えさせる」ことをしてくださいました。

それが一番現れたのは、クラス活動として行っていた「あやつり人形」というホラー映画作成の時だったと思います。私は脚本係として映画の内容を考えていましたが、撮影を始めてもクラスの中で映画作りに対する熱に差がある状態が続き、「これではやっていても意味がないのではないか」という話になりました。続けたい派と辞めたい派に分かれ、映画の話でもめては誰かが泣くという毎日でした。そんな中で「マジでやる気あるの？」と普段は強い口調で言わない先生が怒ったことから、私たちは一度撮影を辞め、きちんと一人一人の意見を言い合うことにしました。聞いてみるといろいろな意見が出てきて、「続ける」か「辞める」かの二択だけではないことに気づきました。先生は私たちにそれを気付いてほしかったのだと思います。クラス活動はクラス全体で卒業までに行う一つの大きな目標であり、集大成です。それをどうするか自分たちだけで考えるのは意見がまとまらず時間がかかったし、すぐに感情的になってしまうことも多かった私たちでしたが、先生は優しく見守ったり、第三者の目線で冷静な意見を言ってくれたりしました。そのおかげで私たちは結論にたどり着き、最終的にはホラー映画を完成させることができました。

私は、くぼけんが私たちにとって「勉強を教えてくれる先生」だったときは少なかったのではないかと、今では思います。くぼけんが教えてくれたのは「生き方」「人生の楽しみ方」「考え、意見を伝えることに伴う責任」でした。先生の口癖は「人間は楽しいから笑うのではなく、笑うから楽しいんだ」でしたが、この言葉の通り、先生はいつも笑顔で接してくれたし、そのおかげで私たちも笑顔になれて、いつも前向きに楽しむことを習慣にできるようになりました。

「どんなときでもプラスに考えて、絶対に諦めず、一人でかかえこまないこと。いつもあなたの隣にはあなたのことを思う「誰か」がいるんだから。」先生に最後の面談で言われたこの言葉は、今でも私の中で生き続けています。くぼけんに初めて会ったころの私は自分に全く自信がなく、いつも自分の殻に閉じこもり、意見も言わないという生活をしていました。そんな中担任になったくぼけんは、「自信を持っていいんだよ」と声をかけてくださいました。そして、みんなが自分の考えを発表できる環境にしたり、一人一人に寄り添ってくれました。そのおかげで今では積極的にみんなを引っ張ることができるようになりました。本当に感謝しています。くぼけんは、いつでも私たちを思ってくださるとても素敵な先生です。

輪の一員でいさせてくれたみんなへ
～ありたい未来を描け！未来をつくるのは自分だ～

新型コロナウイルスの感染拡大が続いた令和二年度。平時のような学校運営は困難を極めました。本校は、公共交通機関を使っての登校を余儀無くされるという性質上、分散登校や時差登校期間が長く続きました。平次のような学級経営が難しい中で過ごした1年。担任にしていた6年生の子どもたちに、卒業を前に聞きました。

「6年3組ってどんなクラス？」

すると、ユカがこんなことを言いだしました。「先生と子どもたちが対等であるクラス」。また、アヤノはこう言います。「誰でも自分の意見を言うことができるクラス」。そしてアツトが、そうしたクラスの特徴を総称して、「国会」とつぶやきました。なるほど、そんな風に感じていたんだな。いつものような学級経営ができない分、彼らは今のクラスをどんなふうに感じているのか、不安だったボクは、彼らのリアルな言葉にちょっと安心しました。

「先生と子どもが対等」と聞くと、お叱りをいただくことになるかもしれません。だって「先生は毅然として……」「先生と子どもは違います」って、例えばテレビドラマとかいろんなところで多くの人が話しているから。

けど、やっぱりボクは思います。彼らを自分の言った通り、思い通りに動かす、ということは、したくないなぁ、と。

だって、彼らも一つの人格だし、人間だし、学校や教員のための「マシン」じゃないから。逆に、ボクが子どもだったら、嫌ですもん。どうして先生のいうことが全てなんだ、って。どうしてその通りに動かないといけないんだって。そんなふうに「マシン」にして、一体誰が満足するんだ、って。まあ、大抵の場合、満足するのは先生自身なんでしょうけど。そもそも、言った通りにさせようとする、というのは、考える力を奪います。考えるだけ、無駄ですから、とりあえずそれに付き従うより他ない。どんなにご立派な授業、ご立派な学級経営をされても、彼らの考える力を奪ってしまっているのだとしたら、それは再考の余地ありです。一体、誰のためにやっているんだ、って。

だから、「毅然として」ピラミッドの頂点にいるような教師像、リーダー像は、ボクにはあっていません。彼らの立場で、彼らの視点で、一緒にモノを考える、「輪の一員」でありたいと思っています。ユカの言う「先生と子どもが対等」というのは、そういう意味で前向きに受け止めたいと、勝手に思うことにします（笑）。

この本をここまで読んでくださった方の中には、「そんなふうにしたら、子どもに舐められてしまうのではないか」「荒れちゃうんじゃないか」そんなふうに感じた方もいたかもしれません。けれど、案外、そんなこともないんです。

ボクの好きな言葉に、「問いの前の平等」という言葉があります。教科の裏側にある文化や科学が多様化／深化していくうえで、常に内在して「問い」。それらが紡がれてきた歴史と、これからの無限の発展の可能性を前にしたとき、どんなにヒエラルキーがある関係でも、共に問いに取り組む際は、誰しも平等である、と言う意味です。

体育ではボールゲームの授業にこだわりました。子どもたちにとって個人差によるチーム差をなくすルールを一緒に考えてやってみることで、イコールコンディションをつくりだし、「かわすか・かわさせないか」という「おもしろさ」をめぐって、全員が夢中になることが分かりました。また、そこで力が成長していくのです。

これも、「問いの前の平等」です。ボクの学級経営は、funnyな雰囲気で、先生も間違えたり失敗しちゃったりする、そんな集団でありながら、「問いの前の平等」を作り出すことによって、全員がその問いに正対する。だからこそ、身近な人の新しい一面、まだ見ぬ姿に出会える。それまでの人間関係や序列がリセットされる。そしてそれを肯定的に認め、称賛し、また次の問いにつなげる。その際、彼らの考えや言葉を最大限尊重する。その繰り返しが土台になっています。その意味で、「考えがいのある問い」を作り出すことに腐心してきました。ボクの授業づくりはこれにつきます。

そして、「これが答えだからね」という何かにたどり着く授業というよりは、「その答えを道具に、この問いについてみんなはどう考える？」という、一人一人の考えが広がり、違いが生まれるような授業にしていきたい。だって、答えは一つじゃないかもしれないから。それを聞いて、「たしかにそういう考えもあるなぁ」「この子は実はこんなこと考えていたんだ」なんてことを知るのが、たまらなくおもしろいのです。

社会や学校が「正しい」と言っていると自分が無意識のうちに思っていることは、必ずしもいま目の前の課題に取り組む際に「正しい」こととは限りません。むしろ「正しい」ことにして目の前の違和感などを黙殺して、安心したいだけなんじゃないか、とすら、思えるくらいです。

たしかに、過去の知見や先人の知恵は存在します。けど大事なことは、それを「今」に、「未来」にどう活かしていくのか。それを学んで一人一人がどう考えるのか。それに尽きると思うんです。そのためには、一人一人がどんなふうになっていきたいのか、どんな姿を目指したいのか、というビジョンが欠かせない。ビジョンがあるから問題を発見できる。解決すべき課題が見つかる。そうしたことを「考える」ことが、もっともっと必要なんじゃないか。そんなふうに思うわけです。

だから、「教室で卓球をしたい」と言われたら、学校的「正しさ」で言えば、「はい？」と思いますよね（笑）。けれど、大真面目にそのことについて「考える」。本当にやりたいのであれば（＝ビジョン）、どうしてそれができなくて（＝問題）、どうしたらできるようになりそうなのか（＝課題）、一緒になって考える。その過程で、当たり前（＝「正しさ」）を疑う。そして、未来は変えることができることを知る。あの、一見バカバカしい話し合いは、ボクにとっては彼らが「未来」をつくる上での、「未来」をつくれるんだ、ということを知る上での、重要なピースだったと思っています。

前の章で紹介した、「みんな将軍」たち。卒業式が終わって、教室に戻り、彼らと「最後の授業」を行いました。そこでボクは、マイケルジャクソンの『Man in the mirror』という曲を紹介しました。

I'm starting with the man in the mirror
I'm asking him to change his ways
And no message could have been any clearer
If you wanna make the world a better place
Take a look at yourself, and then make a change

そして、彼らにこう語りかけました。

「残念ながら、みんなの未来はもうこの教室にはありません。けれど、もっと大きな未来が広がっています。当たり前を疑い、自分の頭で考え、どんな未来、どんな自分になりたいのか、自分の心と対話するんです。未来は、黙っていたら向こうからやってくるわけじゃない。自分の手でつくるんだ。自分の人生なんだから、ありたい未来くらい、親とか先生じゃなく、自分で描け」

二年間かけて、彼らに伝えたかったことの全てでした。きっと、伝わったんじゃないかなと思います。ショウヘイは、卒業文集にこんなことを書いてくれていました。「クボケンは、あの手この手で僕たちにいろんなことをまなばせてくれたけれど、それは全部つながっていた」。きっと、最後のメッセージを聞いた彼らも、隼人と同じように、「あ、ここに繋がっていたんだな」と思ってくれているんじゃないかな。

そして最後に、こう伝えて、Good-bye, Thank you.

「『先生、６年生も楽しかったけど、今もなかなか悪くないよ？　今のほうが楽しいよ？』そう思える頃に、また会いましょう」

彼らが、自分のつくりたい未来を、思う存分つくっている姿を。それによって、大人もアッと驚くような、あたらしい時代をつくってくれることを楽しみに、今日もボクは教室に向かいます。

クボケン作文

宇田川かれん

今、小学校の濃密だった時間を振り返るとまるで戦国時代のように色々な“争い”があった。ときには喧嘩をし、ときには友達たちと最高の時間を過ごした。卒業当時は「このままのクラス、仲間がいい」「中学校に行きたくない」とまで思っていた。卒業式はただ座っているだけでも涙の嵐だった。自分には止められなかったあの時の感情がクラスを象徴していただろう。今でもクボケンが泣きながら言ってくれた最後の授業での言葉は覚えているし、あの最後の学級通信、卒業式でのクラスの台本は捨てられずにラミネートして取ってある。でも私にとっての重要なクボケンのことばはここにはない。

「かれんのいいところは努力ができるところだよ」と言ってもらったのは私が5年生のとき。「自分なんて…」と消極的になってしまう思考になってしまっていた。「もっと○○だったら…」と自分を責めてしまうこともあった。でも私はこの言葉を聞いて自分でももっとできることがあるのではないかと思えるようになった。自分一人で何とかしなくてはならないと考えていた自分の愚かさを突き付けられた。

3年生のとき。わたしは毎日毎日をなんとなく（いや、ある意味危険ともに）過ごしていた。クラスが少し騒がしくて私は哀しかったのだ。そんなどん底からすくってくれたのは隣のクラスの担任だった。

「まったく知らなかった先生が助けに来てくれた」

それが初めてのクボケンとの接点だった。そこから、隣のクラスの担任なのに声を掛けてくるようになった。いつの間にかわたしもいろいろ相談していた。

こうやって過去を振り返ることは楽しいし余韻に浸かっていたい気持ちは少なからずある。でも私の成長は小学校だけでは終わらない。少しずつ成長しながら新しい道を創り、自分だけにしか味わえない思い出を創っていきたい。

まるでクボケンの座右の銘のように。

「今ここにない未来は自分で創る。」

主な参考文献

- 生田久美子・北村勝朗編（2011）『わざ言語――感覚の共有を通しての「学び」へ』慶応義塾大学出版会
- 秋田喜代美他（2017）『岩波講座　教育　変革への展望5　学びとカリキュラム』岩波書店
- ケラー. J . M（2010）『学習意欲をデザインする―ARCSモデルによるインストラクショナルデザイン―』北大路書房
- 三宅なほみ他（2016）『協調学習とは―対話を通して理解を深めるアクティブラーニング型授業』北大路書房
- レフ・ヴィゴツキー（2001）『新訳版・思考と言語』新読書社
- メルロ=ポンティ, M（1945）『知覚の現象学』法政大学出版局
- ヴァン・マーネン, M（2011）『生きられた経験の探究–人間科学が開く感受性豊かな「教育」の世界－』ゆみる出版

久保賢太郎
東京学芸大学附属世田谷小学校教諭。

東京学芸大学大学院連合学校教育学研究科博士課程（令和３年４月～）。

学研教育みらい小学校体育副読本「みんなの体育」編集委員。一般社団法人「未来の体育を構想するプロジェクト」理事。一般社団法人「Sports As Life Hachinohe」顧問。株式会社AVR　Japan 教育アドバイザー。

体育授業研究会常務監事。学校体育研究小学部会事務局長。


現代の教師に求められる資質能力や教師の自己変容プロセスなどを問題関心としながら、日々の授業実践・研究活動に取り組んでいる。

専門はスポーツ教育学・教師教育・現象学的教育学

褒めるは学びの落とし穴
子どもが輝く対話のメカニズム

2021（令和３）年３月10日　初版第１刷発行

著　者：久保賢太郎
発行者：錦織　圭之介
発行所：株式会社　東洋館出版社
〒113-0021　東京都文京区本駒込５丁目16 番７号
営業部　電話 03-3823-9206 ／ FAX 03-3823-9208
編集部　電話 03-3823-9207 ／ FAX 03-3823-9209
振替　00180-7-96823
URL　http://www.toyokan.co.jp
編集者：杉森尚貴
カバーデザイン：加瀬梓（tobufune）
DTP：株式会社明昌堂
印刷・製本：藤原印刷株式会社

ISBN 978-4-491-04373-9
Printed in Japan

JCOPY ＜(社)出版者著作権管理機構 委託出版物＞
本書の無断複写は著作権法上での例外を除き禁じられています。複写される場合は、そのつど事前に、(社)出版者著作権管理機構（電話03-5244-5088，FAX 03-5244-5089，e-mail：info@jcopy.or.jp）の許諾を得てください。